ノート型テキストで学ぶ

アカデミック・スキルズ

市川紘美・山田昭子・与那覇恵子　編

鼎書房

目 次

はじめに ―― 5

第1章　大学で求められる文章 ―― 7

1．文章の種類を知ろう　…7

2．作文とレポート・論文の違い　…8

3．読み手が理解しやすい文章を書こう　…9

第2章　〈私〉を知り〈私〉を表現する ―― 16

1．自己紹介を深化させる方法を学ぶ
　　――自分インタビューをしてみよう　…16

2．自分インタビューを文章にしてみよう　…18

第3章　「話し言葉」と「書き言葉」 ―― 21

1．話し言葉と書き言葉　…21

2．敬語表現　…24

3．e-mail の書き方　…27

第4章　文章の構成法を学ぶ ―― 32

1．三段構成を学ぶ　…32

2．段落の構成と意味を学ぶ　…32

第5章　要約の力をつける ―― 34

1．要約の手順　…34

2．要約してみよう　…35

第6章　口頭発表をする／レポート・論文を書く―事前準備 ―― 42

1．テーマ設定　…42

2．アウトラインの作成　…48

3．資料の検索と収集　…50

4．表・グラフ　…52

第７章　グループディスカッション ―― 57

1．グループディスカッションで求められるもの …57

2．グループディスカッションで出されるテーマの主な分類 …57

3．役割の説明、注意事項 …58

4．進め方――流れと時間の目安 …59

5．気をつけるべきこと …59

6．グループディスカッションで使用できる教材 …60

第８章　ディベート ―― 63

1．ディベートとは …63

2．ディベートの形式 …63

3．役割の説明、注意事項 …64

4．進め方――流れと時間の目安 …65

5．気をつけるべきこと …66

6．ディベートの評価の観点 …66

7．ディベートで使用できる教材 …67

第９章　プレゼンテーション ―― 73

1．プレゼンテーションの前に準備するもの …73

2．発表時の注意点 …80

3．質疑応答の注意点 …80

第 10 章　レポート・論文の書き方 ―― 83

1．レポートの書式と構成 …83

2．レポート・論文執筆に際しての注意点 …84

3．レポート・論文のルール …85

4．提出前に確認しよう …89

付録 …91

はじめに

　大学では自分で学び、考え、発信していく力が求められます。

　もちろん、与えられた課題と真摯に向き合い、それに対する答えを導き出すことも重要です。しかし、大学で重視されるのは、日々おこる様々な現象の中から何らかの疑問点や問題点を発見し、その解決策を論証していく能力です。論証不可能な場合もありますが、その場合も問題点について調べ、分析し、あらゆる解決の可能性を考える過程が大事なのだといえます。

　文献や資料などを的確に読む力、資料などに関して他者の意見に耳を傾ける寛容力、そして自分の考えを表現する力が必要とされるのです。

　このテキストは、大学での学びに必要なアカデミック・スキルを修得しつつ論理的思考力を培っていくことができるように作りました。構成は大きく二つに分けられています。

　第 1 章から第 6 章では大学の授業で出されるレポート、論文などの「書く」課題への対策が中心になっています。e-mail も含め、文の種類と目的を理解し、それぞれの目的に合った表現方法を学んでいきます。

　第 7 章から第 10 章では分かりやすい日本語の書き方、話し方を学び、プレゼンテーションやグループディスカッション、ディベートの方法を学びます。発表に必要な情報収集、資料作成、聞き手に内容を伝えるための口頭技術など、具体例を示しながら学習できるようになっています。

　ノート型テキストになっていますので、練習問題の空欄にどんどん書き込んでいってください。自分で重要ポイントと思う箇所には赤や青や緑などのペンで______を引いたり、〰〰〰を付けたりするのもいいでしょう。さらにキーワードをマーカーでチェックするのもいいかと考えます。そうすることで自分に合った自分だけのテキストが誕生します。

　大いに発想力、要約力、批判的思考力、表現力を高めていってください。

2020 年 3 月 20 日

執筆者一同

第１章　大学で求められる文章

大学では大学にふさわしい文章が求められる。求められる文章を書くためには、文章の目的(種類)を知る必要がある。

１．文章の種類を知ろう

作文、エッセイ、読書感想文、ブログ、ＳＮＳなど、私たちは日々さまざまな文章に接している。その際求められるのは、場面、状況に応じて文章を使い分ける能力だ。

大学で最も求められるのはレポート・論文を書く時に必要となる文章である。だが、その時に陥りがちなのが、作文とレポート・論文の混同である。これは文章の種類の違いを認識していないことにより生ずる。

まずは作文とレポート・論文の違いを知ることで、大学で求められる文章について学ぼう。

練習１ あなたが知っている文章のジャンルとその特徴をまとめてみよう。

種類	読者	公的か私的か	何のために書くか
【例】日記	自分	私的	自分の日々の記録を残すため
ブログ			
読書感想文			
レポート			

2．作文とレポート・論文の違い

作文とレポート・論文には、下記の練習２①～④で示したように書き方に若干の違いがある。練習問題を解きながら、その違いについて学ぼう。

練習2 次の［1］～［15］にあてはまる言葉を、次ページの語群から選び、文章を完成させよう（同じ語を二度使ってもよい）。

①文体・形式

作文は［1］（です・ます）、［2］（だ・である）のどちらでもよいが、レポート・論文の場合は［3］で書く。また、作文は特に決まった形式はないが、レポート・論文の場合は［4］・［5］・［6］からなる三段構成が基本である。

☞第３章、第４章を参照

②内容

作文は事実について［7］的に心情や感想を書けばよいが、レポート・論文の場合はある論点について［8］的な根拠を元に、自身が考察した結果を［9］的に書くことが求められる。

③根拠

作文は根拠を求められることはないが、レポート・論文の場合は文献やデータなどの資料に基づく根拠が必要となる。自分の［10］をただ羅列するだけでは根拠は生まれない。自分が述べようとする［11］に関する他の資料やデータを収集し参考にすることで、自身の論に根拠が生まれる。資料やデータは［12］に則って用いることが必要である。

☞第 10 章を参照

また、文献やデータを用いる際には、それらを読み解き、理解する力が必要となる。文献を理解し、自分のレポートや論文に取り入れるためには、文章の［13］を理解しなければならない。要約についての学びを通じて、文章の要点をとらえ、理解していこう。

☞第５章を参照

④文章表現

作文に関してももちろんだが、レポート・論文では根拠に基づいた文章を書くために、正確な［14］力が何より求められる。さらに主語や述語の関係性、修飾語・被修飾語の関係性、接続詞、助詞の使い方、句読点の打ち方など、細部に気を配る必要がある。

☞第１章を参照

また、表現方法についても［15］力を増やし、バリエーションを豊かにすることで人に伝わりやすい文章が書けるようになる。日頃から、本や雑誌、新聞などを読み、活字に慣れておくことが必要である。

語群

論点 ・ 要点 ・ 語彙 ・ 本論 ・ 常体 ・ 論理 ・ 引用のルール ・ 序論 ・
主張 ・ 文章 ・ 客観 ・ 敬体 ・ 主観 ・ 結論

3．読み手が理解しやすい文章を書こう

読み手が理解しやすい文章を書くためには、主語と述語の関係や、修飾語と被修飾語の対応を明確にする必要がある。相手に伝わりやすい文章を心掛けるために、まずは文章の仕組みや気をつけるべきことを知ろう。

（1）主部（主語）と述部（述語）の関係

【例】 トラックの中にいる彼は ラジオで音楽を聴いていた。

主部 ↑ 述部 ↑

主語（S） 述語（V）

文は「何は（が）～何だ」＝「彼女が佐藤さんだ」、「何は（が）～どうする」＝「彼が歩く」、「何は（が）～どんなだ」＝「夕焼けが赤い」などのように構成されている。この「何は（が）」にあたる文節を主語といい、「何だ」「どうする」「どんなだ」などにあたる文節を述語という。

【例】 （私は） 昨日、叔母に会った。叔母はお土産をくれた。

日本語では、読み手に主語がわかる場合は、主語を省略する場合が多い。ただし、文章の途中で主語が変わる場合は、主語を省略しないで書くこと。

練習3 次の文章は主語と述語の関係がきちんと対応していない。下線部を文法上正しい形に直しなさい。

【例】 私が帰り道を急いだのは、早く帰って編み物を完成させることばかりを考えていた。

→私が帰り道を急いだのは、早く帰って編み物を完成させることばかりを考えていたからである。

① 古いパソコンで問題なのは、新しいソフトを導入するのがとても困難である。

② 新しいドレスを購入したのは、友人の結婚式に招待されそうだったから購入した。

（2）文の種類

文を形態によって大きく分類すると次の三種類になる。

単文：主語と述語が一組で成り立っている文。

【例】 私は　本を　読む。
S　　V

重文：主語と述語が二組以上あり、それらが対等な関係にある文。

【例】 私は本を読み、彼女は音楽を聴く。
S 1　V 1　S 2　V 2

複文：文の成分としての主語と述語の他に、主部などの文の成分中にも主語と述語の関係を含む文。

【例】 私は　田中さんが会場にいた　と　思った。
主部　述部
↑ S 1
↑ S 2
↑ V 2
↑ V 1

（3）修飾語と被修飾語の関係

【例】 白い百合の花。
いい香りのする百合の花。
谷間で風に揺れている百合の花。
→谷間で風に揺れている　いい香りのする　白い　百合の花。

修飾語は被修飾語にできるだけ近づけて書く。複数の修飾語がある場合は、長い修飾語を先に書く。

練習4 次の複数の文を、下線部を修飾する一文にまとめなさい。

① 彼は優秀な体操選手である。
彼は日本を代表する体操選手である。

② 若い一組の恋人たちが登場する小説。
　長い小説。
　悲惨な結末の小説。

（4）読点の位置、言葉の並べ方

日本語は読点の位置や言葉の並べ方によって意味が変わってしまう。

【例】 彼女は弁護士で政治家の母親がいる。
　→弁護士が彼女なのか母親なのかが不明確。
　【A　弁護士は彼女】
　→彼女は弁護士で、政治家の母親がいる。
　【B　弁護士は母親】
　→彼女は、弁護士で政治家の母親がいる。

【例】 きれいな絵がついているプレゼント用の箱がある。
　→きれいなのは「絵」なのか、「絵がついているプレゼント用の箱」なのかが不明確。
　絵がついているプレゼント用のきれいな箱がある。
　→「きれいなのは箱」という意味が明確。

練習5 それぞれ文章の内容をA、Bの指示通りにするために、①、②では読点の位置を、③、④は読点を用いずに言葉を並べ変えて明確にしよう。

① 私は必死に逃げ回る犬を追いかけた。
　【A　必死なのは犬】
　私は　必死に　逃げ回る　犬を　追いかけた。
　【B　必死なのは私】
　私は　必死に　逃げ回る　犬を　追いかけた。

② 私は笑いながら話す彼女の顔を見ていた。

【A　笑っているのは私】

私は　笑いながら　話す　彼女の　顔を　見ていた。

【B　笑っているのは彼女】

私は　笑いながら　話す　彼女の　顔を　見ていた。

③ 彼は怪我をしながら走っている選手の後を追いかけた。（怪我をしているのは選手）

④ 先月提出した重要な書類が返却された。（返却されたのが先月）

（5）助詞の働き

助詞は、語句と語句を接続したり、文が表す内容に一定の性質を付加したりする働きをする品詞である。慣用的な用法や複数の用法がある助詞については特に注意する。

◆助詞の一覧表（文語）

種類	語	主な意味・用法	語	主な意味・用法
格助詞	が	主語・連体修飾語・体言の代用・対象語	と	共同の動作・変化の結果・引用・内容指示・比較・比喩・強意・並列・方法
	の	主語・連体修飾語・体言の代用・同格・比喩	より	比較の基準・場所や時間の起点・経由・手段方法・原因理由・限定・即時
	を	動作の目的・経過する場所や時間・動作の起点・動作の相手	から	起点・経由・原因理由・手段方法
	に	場所・時・帰着点・比較の基準・変化の結果・動作の目的・受身や使役の対象・原因理由・手段方法・比喩・強意・並列	にて	場所・時・手段材料・原因理由・状態
	へ	方向方角	して	手段方法・共同の動作・使役の対象
接続助詞	ば	順接の仮定条件 順接の確定条件・単純な接続	て	逆接の確定条件・順接の確定条件・単純な接続（事実の連続・状態・中止・並列など）

接続助詞	とも	逆接の仮定条件	して	単純な接続・順接の確定条件
	ど・ども	逆接の確定条件	で	打消して接続
	が	逆接の確定条件・単純な接続	つつ	動作の反復や継続・同時並行の動作・逆接の確定条件
	に	逆接の確定条件・順接の確定条件・単純な接続・添加・「につけても」の意	ながら	逆接の確定条件・同時並行の動作
	を	逆接の確定条件・順接の確定条件・単純な接続	ものの ものを ものから	逆接の確定条件
係助詞	は	ある事物を他の事物と区別しまた強調する	こそ	強意
	も	同じ趣の事物の中から一つをとりあげていう・並列・強意	や(やは) か(かは)	疑問・反語
	ぞ・なむ	強意		
副助詞	だに	一つをとりたてて他をかえりみない・程度の軽いものをあげて他に重いもののあることを推測させる	のみ	限定・強意
	すら	程度の軽いものをあげて他に重いもののあることを推測させる	ばかり	限定・程度
	さへ	添加	まで	動作の範囲・限度・程度
	し	強意	など	例示・婉曲
終助詞	な	禁止	か	感動
	そ	禁止(な～そ)	かし	念を押す・強意
	ばや	自分の動作に対する希望	な	感動
	なむ	他の動作に対する希望	よ	呼びかけ・感動
	てしか にしか	自分の動作に対する希望	は・も	感動
	もがな	状態に対する希望		
間投助詞	や	感動・呼びかけ・並列	を	調子をそえた軽い感動

練習6 次の文の助詞の使い方の誤りを直しなさい。

① 飲んだり食べておおいに楽しもう。

② 蛙は水の中だけでなく、地上で生きられる。

（6）指示語、接続詞

文の内容を理解するためには、文中で使われている指示語が示す内容の範囲を、的確に把握することが必要である。そのためには、接続詞を正しく使い、文と文、段落と段落の論理的なつながりを明確にする。

◆指示語

指示代名詞	「これ」「それ」「あれ」「どれ」（事物） 「ここ」「そこ」「あそこ」「どこ」（場所） 「こちら」「そちら」「あちら」「どちら」（方角）
連体詞	「この」「その」「あの」「どの」
人称代名詞	「私」「あなた」「彼」「彼女」

◆接続詞

順接	「そこで」「だから」「したがって」「すると」など。
逆説	「しかし」「だが」「ところで」「けれども」「それでも」など。
並列・添加	「そして」「それから」「そのうえ」「また」「しかも」「さらに」「および」など。
説明・補足	「つまり」「すなわち」「要するに」「例えば」「なぜなら」「ただし」「なお」など。
対比・選択	「むしろ」「あるいは」「もしくは」「または」「いっぽう」「それとも」など。
転換	「さて」「ところで」「それでは」「では」「ときに」など。

練習7 次の文章にあてはまる接続詞を語群の中から選んで書きなさい（同じ接続詞は二度使えない）。

① 受験生はマラソンランナーと同じである。［　　　　］、持久力が必要なのだ。
② 展覧会は好評を博した。［　　　　］、入場者数が予定した数に達しなかった。
③ 今日の仕事はこれで終了しました。［　　　　］、これからどこかへ食事に行きますか。
④ あなたはコーヒーにしますか。［　　　　］、紅茶にしますか。
⑤ このマンションは駅から５分である。［　　　　］、価格がとてもやすい。
⑥ 受験勉強を頑張った。［　　　　］、第一志望校に合格したのだ。

語群

しかも　・　それとも　・　しかし　・　さて　・　だから　・　つまり

第2章　〈私〉を知り〈私〉を表現する

大学は、学問を楽しむ場所であると同時に、他者と出会う場所でもある。
他者と出会うためにはまず〈私〉を知ることから始めなければならない。
〈私〉を知るためには自分を客観視することが求められる。
この章では〈私〉を客観的に表現する方法を身に付けよう。

1．自己紹介を深化させる方法を学ぶ――自分インタビューをしてみよう

ここでは「自分インタビュー」を通して、自己を客観的に述べる技法を身に付けよう。

インタビュー記事の元となるインタビューメモを作成し、読み手に伝わる文章とは何かを考え、順序を追って、文章をまとめていこう。

練習1　自分で自分にインタビューするつもりで、以下の質問に答えてみよう。その際、単なる一問一答に終わるのではなく、その答えにまつわるエピソードや理由などもできるだけ詳しく書いてみよう。

① あなたの姓名の由来、説明

② 趣味・特技など

③ 大学でやりたいこと

④ 自分の長所とその理由がわかるエピソード

⑤ 自分の短所とその理由がわかるエピソード

⑥ 好きな言葉とその理由

⑦ 嫌いな言葉とその理由

⑧ 将来ついてみたい職業とその理由

⑨ 将来つきたくない職業とその理由

⑩ 自分にとって最も大切だと思うこととその理由

2．自分インタビューを文章にしてみよう

右の参考記事は、他者が他者に行ったインタビューをまとめたものである。まずは記事を読み、次に練習２の問いに答えてみよう。

参考

撮影・佐々木紀明

BBCワールドニュース初の日本人リポーター

顔

大井《おおい》 真理子《まりこ》さん 26

BBC（英国放送協会）が世界に発信するニュースチャンネルで、昨年からリポーターを務める。拠点はシンガポール。アジア経済をテーマに取材やインタビューをこなし、カメラの前で報告するのが仕事だ。これまで、日本のサンリオのキャラクタービジネス戦略や、シンガポールで研究が進む海藻が原料の石油代替燃料などについてリポートしてきた。

「BBCは16歳からのあこがれでした」。オーストラリアに留学していた高校時代、地元局が放送していたBBCのドキュメンタリーを見た。英語はよく聞き取れなかったが、やせ細った子供の姿をていねいに追い、飢餓の実態をリアルに伝えていた。その映像は今も鮮明に覚えている。

大学卒業後、米の大手金融情報企業で働いた。が、「投資家向けではなく、普通の目線で報道に携わりたい」と退社、BBCワールドニュースと契約した。同僚の国籍は米国、シンガポール、マレーシアなど様々だが、共通するのは仕事にのめり込む情熱。「映像の力で、株価に興味がない視聴者にも経済を面白いと思ってもらえる報道をしていきたい」（文化部　清岡央）

（『読売新聞』2008年9月28日　2面）

練習２　参考記事を読んで、どのような特徴があったか答えてみよう。

① 文体や文末表現はどうなっているか。

② 本人の言葉を取り入れることにどのような効果があるか。

③ 文章の展開はどのようになっているか。

練習3 練習１でまとめたメモの内容を元に、自分で自分にインタビューした結果を文章にしてみよう。

☆練習２で確認したインタビュー記事の特徴を踏まえること。

☆下記の「文章上のルール」と「ポイント」を押さえること。

◆文章上のルール

書き出し	一字分あける（縦書き、横書きとも）。
段落	意味内容のまとまりに応じて分ける（１行ごとや 10 行以上など、短すぎたり長すぎたりしないように気をつける）。
文末	一つの文の終わりは「だ・である」体と「です・ます」体があるが、文全体をどちらかに統一する。小論文・レポート類は「だ・である」体を使用する。

◆ポイント

☆練習１のメモの内容をすべて使わなくてもよい。

☆練習１のメモの内容の順番は変えてもよい。

☆箇条書きにならないように、前後の関係を意識しながら文章にする。

☆内容にふさわしい「タイトル」をつけてみよう。

タイトル

（太線は 100 字の区切り）

第３章　「話し言葉」と「書き言葉」

わたしたちの使う言葉は大きく話し言葉と書き言葉の二種類に分けられる。話し言葉は口頭での、書き言葉は文字を通してのコミュニケーションといえる。どちらも用いるシチュエーションや相手によって使い分けが求められる。

この章では、書き言葉について主に扱うが、まず話し言葉と書き言葉の違いについて学ぶ。次に、レポート・論文で用いられることの多い表現を確認する。さらに敬語表現について学び、改まった表現が必要とされる e-mail の文章に応用して敬語も習得しよう。

１．話し言葉と書き言葉

まずは話し言葉と書き言葉の違いを理解しよう。

（１）話し言葉に特有の表現 (略語) は書き言葉の表現には使わないようにする。

【例】 バイト→アルバイト　部活→部活動

（２）話し言葉によく使われる〈ら抜き言葉〉〈い抜き言葉〉〈だ抜き言葉〉は、日本語の文法上は誤りであり、文章を書くときには使わないようにする。

【例】 食べれる→食べられる 勉強してる→勉強している 綺麗と思う→綺麗だと思う

（３）人称･呼称は主観（自分の立場や相手に対する敬意）を交えず標準的なものを用いる。

【例】　学校の先生→教師・教員　あたし・ぼく・自分→私　パパ・お父さん→父
ママ・お母さん→母

（４）話し言葉で使用する俗語や流行語をそのまま使用しない。

【例】　・イタリア留学ではとても濃い日々を過ごした。→充実した
・古代エジプト文化は知れば知るほどはまっていく。→夢中になる
・私と弟の性格は真逆だ。→正反対だ
・日曜日に二つの予定がかぶってしまった。→重なって

◆主な話し言葉と書き言葉の対応

話し言葉→書き言葉	話し言葉→書き言葉
～じゃない→ではない	ちょっと→少し
だから／なので→したがって	いっぱい→多い
でも／だけど→しかし／だが	ずっと→より
～けど→～けれど	どっちか→どちらか
あんまり→あまり	とっても→とても／たいへん
こんな→このような	やっぱり→やはり
なんてのは→などというのは	ばっかり→ばかり
たぶん→おそらく	すごい→すばらしい／とても
ＡとかＢとか→ＡやＢなど	～なんか→～など

レポート・論文などを書くときは、書き言葉の中でもより改まった表現を使う必要がある。また、あいまいな主観的表現は使わず的確な客観的な表現を用いる。原則として感情表現は用いないようにする。

◆主観的表現と客観的表現

主観的表現 (あいまいな表現)	客観的表現 (的確な表現)
序論	
～についてはあまり調べられていない	～については研究が十分ではない
今回やりたいことは～ということである	本稿の目的は～することである／を検討することである／～について考察することである
本論	
私は～	×（主語を用いない）／筆者
です／ます	だ／である
と思う	と推測できる／と考える
いい／好きだ	評価できる／妥当である
悪い／嫌いだ	賛同（首肯）しかねる／検討の必要がある
引用	
○○さんは～と言っている	○○氏は～と述べている／指摘している
○○さんは次のように言っている	○○氏は次のように述べている／指摘している
結論	
～についてはまだやっていない	今後の課題として～が残されている
～ということかもしれない	～の可能性が否定できない

【例】 ・この問題を解明することはとても難しい。→きわめて困難だ。
・筆者の主張する環境保護論は素晴らしいと思う。→重要である。
・若年層の雇用対策が必要だという意見は好きだ。→評価できる。（妥当である。）

練習1 次の文中には、レポート・論文では使用を避けるべき表現が複数使われている。その箇所に下線を引き、適切な表現に改めなさい。

① 職員同士がしっかりと意見交換をして、利用者が損をするような問題が起きた時にきちんと対応することが必要である。

② 日本語は包み込むチカラを持った言語である。にもかかわらず、外来語が嫌いで排除することを主張する者も多い。

③ 女性の就労をめぐる環境はだんだん良くなっている。

④ この課題文を書いた人は日本の教育制度がおかしいと主張している。

⑤ 今の世の中で地域社会が果たす役割はとても重要だ。

⑥ 長期間ずっと休んでいることを理由に会社をクビになった者が、退職者の６割をオーバーした。

練習2 レポート・論文では定型の言い回しだけではなく、表現に関しても内容をより正確に伝えるための言葉を選んで使いたい。次の下線部をレポート・論文で用いるのにふさわしい表現に直しなさい。

① この問題を解明することはとても難しい。

② 若年層の雇用対策が必要だという意見は好きだ。

③ 筆者の主張する環境保護論は素晴らしいと思う。

④ 調べたら、高齢者のＳＮＳ普及率がはっきりした。

⑤ 日本の俗語の変遷について調べてみた。

⑥ 情報が漏れたかもしれないと言われている。

2．敬語表現

敬語は相手との関係を配慮して使い分ける言葉で、以下のような種類がある。敬語は話し言葉にも書き言葉にも用いられるが、ここでは敬語の基本的な考え方と種類を学び、e-mailの文面を通して書き言葉における敬語表現をマスターしよう。

（1）**尊敬語**：話し手が話題の行為を行った人に敬意を表する。
【例】 行く→先生は先月、パリにいらっしゃった。

（2）**謙譲語①**：自分や自分側の人を低めることで、行為を受ける相手を高める。
【例】 行く→先生のお宅に伺う。

謙譲語②（丁重語）：自分側の行為を、聞き手に対して丁重に述べる。
【例】 行く→先生、私は明日、渋谷に参ります。

（3）**丁寧語**：上下関係ではなく、言い方を丁寧にすることで、聞き手に敬意を表する。
【例】 行く→明日は電車で行きます。

（4）**美化語**：物事を美化して表わす。
【例】 お酒、お料理、ご祝儀

◆よく使う尊敬語・謙譲語

【動詞】

基本形	尊敬	謙譲
会う		お目にかかる
与える	下さる	差し上げる
言う	おっしゃる	申す・申し上げる
行く	いらっしゃる	上がる・伺う・参る
いる	いらっしゃる	おる
思う		存ずる
借りる		拝借する
聞く	お聞きになる・お耳に入る	伺う・拝聴する・承る
気に入る	お気に召す	
着る	召す	
来る	いらっしゃる・おいでになる	上がる・伺う・参る
死ぬ	お亡くなりになる	
知る	御存知になる	存じ上げる・存じる
する	なさる	いたす
食べる・飲む	召し上がる	頂く

寝る	お休みになる	休ませていただく
見せる		お目にかける・ご覧に入れる
見る	ご覧になる	拝見する
もらう	お受けになる	いただく・頂戴する・拝受する
訪問する	いらっしゃる	伺う・お邪魔する

【名詞】

	相手側	自分側
父	お父様・ご尊父様	父
母	お母様・ご母堂様	母
息子	ご令息・ご子息	息子・愚息
娘	ご令嬢・お嬢様	娘
家族	ご家族の皆様・ご一同様	家族・一同
会社	御社・貴社	弊社・小社
学校	貴学	本学
家	お宅	拙宅
気持ち	厚志	寸志
品物	銘品　銘茶　佳品	粗品　粗茶

練習3 次の下線部の語を適切な敬語に改めなさい。

① ××大学１年の小池花世といいます。

② 先生が持っている本を貸してくれますか。

③ 前に見せてもらった資料を借りてもいいですか。

④ あのテーマでレポートを書くと言ったんですが、書けなかったです。

⑤ いつなら研究室にいますか。

⑥ 来週の火曜日の昼休みに研究室に行ってもいいですか。

⑦ 悪いけど連絡をもらえますか。

⑧ 返事待っています。

3．e-mail の書き方

様々な通信手段がある中で、大学や職場では e-mail を使う機会が多い。e-mail にも覚えておくべきマナーがあり、大切なコミュニケーションツールである。用件を明確に伝える方法を身に付け、送り先に失礼にならない表現について学ぼう。また「2．敬語表現」で学んだ表現を活かして e-mail の文章を実際に作ってみよう。

【例】

To：△△△@～～～　※1

Cc：○○○@～～～

Bcc：×××@～～～

件名：××ウインドオーケストラ第●回定期演奏会のご招待　※2

××先生　※3

※4

●●ゼミを受講しております△△△△です。

このたびは、演奏会のお知らせのメールを差し上げました。※5

××年×月×日(×)に私の所属しております、××ウインドオーケストラの定期演奏会が開催されます。

お忙しいとは存じますが、ぜひ足をお運びくださいますようお願い申し上げます。※6

演奏会の詳細は以下の通りです。※7

××ウインドオーケストラ第●回定期演奏会

開催日：××年×月×日(×)

開場時間：１２：５０

開演時間：１３：３０

場所：●●大学内××ホール

曲目：「～～～」ほか

座席のご用意の関係上、××日(×)までに出欠のお返事を本メールまで頂戴できますでしょうか。※8

どうぞよろしくお願い申し上げます。

××大学□□学科１年

学籍番号　小池　花世

※1　To がメインの送り先であるのに対し、内容が同じメールを複数の人物に送りたい時に Cc を使用する。Bcc は入力したアドレスを他の人に知られたくない場合に使用する。

※2　内容がわかりやすい件名をつける。ただし、長すぎないようにする。

※3　宛名と署名は本文の中に記入する。宛名は文頭で署名は文末が多い。宛名の敬称は「様」「先生」などを使い、相手が会社・学校など団体の場合には「御中」を使う。

※4　宛名を書いたら一度改行し、１～２行間を空けてから本文に入る。

※5　メール本文は内容ごとに１行空けて読みやすくし、用件の主旨が明確に伝わるようにする。

※6　相手の都合を考慮する。

※7　伝えたい内容は簡潔にまとめる。

※8　メールは相手がすぐ読むとは限らないという前提で書く。期限は相手の都合を考えて余裕をもって設定する。

☆ e-mail を受け取る側が教員の場合、複数の大学、複数の科目の学生から e-mail を受け取る可能性が高い。文末の署名には氏名の他に、所属（学部・学科・学年・学籍番号など）も明記すること。

☆自分が出した e-mail の返信が来た場合は必ず再返信しよう。

練習4 次の e-mail の件名は適切か不適切か考え、不適切な場合はどこが不適切か考えよう。

① **おはようございます。**
② **こんにちは佐藤です。**
③ **お知らせ**
④ **お願い**
⑤ **この間お話したレポートの件で相談があります。**
⑥ **確認をお願いいたします。**

練習5 次の二通の e-mail を見比べて、【不適切な e-mail の例】はどのような点を改善すべきか、箇条書きにしなさい。

【適切な e-mail の例】

To：
Cc：
件名：●●ゼミのレポートについて（××大学１年　小池花世）
△△先生 月曜日２限の●●ゼミを受講しております小池花世です。お忙しいところ申し訳ありません。 6月20日提出のレポートの題目について質問があってメールいたしました。 以前、先生とお話しした際、「日本各地の方言」について書くと申し上げたのですが、参考文献が見つかりませんでした。そのため、「小学校の英語教育について」に題目を変えたいと考えております。 お手数ですが、お返事をいただけますでしょうか。 よろしくお願いいたします。 ××大学□□学科１年 学籍番号　小池　花世

【不適切な e-mail の例】

To：

Cc：

件名：レポート

先生、今度のレポートのことなんですが、前に話したときは日本各地の方言について書くと言ったんですが、資料が集まらないので、やはり最初に決めた小学校の英語教育について書きたいと思うのですが、よろしいでしょうか。

よろしくお願いします。

【改善すべき点】

・

・

・

・

・

・

・

練習6 次の e-mail を教員に送るのにふさわしい形に直しなさい。

To：

Cc：

件名：小池花世です

ゼミ発表のレジュメに先生の研究室にある「メディアがつくるジェンダー」の本を使いたいんですけど、もしよかったら貸してもらえますか。明日昼休みにでもとりに行きます。よろしくお願いします。m（＿＿）m

---

To：

Cc：

件名：

第4章　文章の構成法を学ぶ

自分の意見を明確に伝えるためには、論理的に文章を組み立てることが必要である。ここでは、論理的な文章を書くために、文章構成法の基本となる三段構成について学んでいこう。

1. 三段構成を学ぶ

三段構成は、序論・本論・結論からなる、もっとも基本的な文章構成法である。

序論	これから書こうとする事柄の中心、あるいは全体を簡単に述べる（これを一文で表したものを主題文という）。序論には、文章を読む人に文章全体の内容を前もって知らせておくという役割がある。**（全体の 10%程度）**
本論	具体的な例や自分の体験をもとに、自分の考えを展開していく。この部分では、時には、自分と対立する意見を持ち出し、それを論破して、自説の正当性を印象づけたりする。**（全体の 70%程度）**
結論	文章全体の主張をはっきり示す。そのために、これまでの考えをもう一度要約したり、序論で述べたことを繰り返したりする。序論の考えが、結論で深まればさらによいだろう。自分の提示した主題を、自ら風刺するというような高度なテクニックもある。**（全体の 20%程度）**

序論・本論・結論ともに内容によって複数に分かれる場合がある。

2．段落の構成と意味を学ぶ

文章の構成を知るために、まず形式段落・意味段落という二つのまとまりについて押さえておきたい。意味段落のまとまりは、序論・本論・結論の構成を読み取るうえでも必要となるほか、第５章の要約文作りの手がかりとなる。

形式段落…文頭が一字下がった部分、小さな話のまとまり。
意味段落…形式段落が一つ、あるいは複数集まった部分。大きな話のまとまり。

☞第５章を参照

練習 1 次の文章を読み、形式段落と意味段落に分け、本文に書き込みなさい。

現代は、女性が幸せを求めて結婚し、「誰かの妻」になるような時代ではない。自分自身のための選択の時代である、と高らかに宣言しているのがシンシア・S・スミス著『女は結婚すべきではない』（中央公論社、1996 年 6 月刊）である。

この本はシングル（単身）で生きる道を選択して人生を謳歌している、そんな女性たちとのインタビューをもとに構成されている。夫と死別した女性、離婚した女性、非婚の女性、結婚届を出さずに男性と暮らす事実婚の女性など、様々なシングルを選択した女たちが登場する。刺激的なタイトルではあるが、結婚制度を否定したり、男性と共同生活を営むことを拒否する女たちのレポートではない。主婦だろうと、キャリア・ウーマンだろうと、結婚しようとシングルであろうと、現在は選択の時代なのであるから、自分にとって最も快適な状況を選ぶのがよい、と勧めているのだ。

今日アメリカでは、女性が結婚する基本的な理由は、「精子」と「支え」の二つしかない、とも述べている。子供が欲しくない女性や、経済的に困らない女性に結婚は不要だ、と。もっとも結婚は必要ないが、男性まで不要だとはいっていない。食事をしたり、セックスをしたり、旅行したり、お喋りをしたり、様々なことを相談する男友達の存在は認めている。女友達がいるのと同じように男友達の存在はシングル生活を豊かにする、と積極的に肯定している。必要ないのは「夫」なのだ、と。

アメリカでも、最近まで結婚は女性の最終目標であったらしい。だが今では結婚も人生の選択肢の一つに過ぎない。現在シングルを選んでいる女性も、将来は結婚したくなるかもしれない。あくまで女性の選択の時代なのだ。シンシアは、未来の女性たちの新しい生き方を提唱している。

（与那覇恵子『文芸的書評集』めるくまーる　2016 年 4 月 130 頁）

練習 2 練習 1 の意味段落の分け方をもとに、どの段落が序論・本論・結論にあたるか答えなさい。

序論 →

本論 →

結論 →

第５章　要約の力をつける

わたしたちは、自分の体験や人から聞いた話を他人に伝える場合、短くまとめて話している。また、小説、映画、漫画、アニメ、新聞・雑誌の記事を友人に話す時も、感動した点を中心に伝えている。

このように、わたしたちが生きていく上で、読んだり、見たり、聞いたりしたことのポイントをつかんで短くまとめる〈要約〉という作業は、文章表現で重要なものの一つである。

この章では、文章中のキーワードや中心文や見つける練習を踏まえて、長文を縮約し、さらに縮約したものを要約する力を身につけよう。

１．要約の手順

要約には手順がある。重要なところに線を引くといっても、「重要なところ」がわからなければ意味がない。次の手順を踏みながら要約をしてみよう。

（１）形式段落に分ける。

（２）キーワードを抜き出す。

キーワードとは文中で繰り返される重要な言葉であり、これを見つけることが要約の第一歩である。キーワードは複数ある場合があり、その中でも特に重要だと思われるキーワードがその文章の「主題」である。

（３）段落ごとの中心文を見つける。

中心文とは段落の内容を一文で述べたものか、あるいは段落中で最も重要な見解を述べたものである。トピック・センテンス（小主題文）ともいう。中心文はキーワードを含むことが多く、具体例が書かれた部分は中心文とはなりにくいため、その点を考えて中心文を見つけていこう。

（４）縮約文から要約文を作る。

縮約文は中心文をつなげていくことで作ることができる。要約文は必要に応じて縮約文をまとめたり省いたりし、また適当なことばを補うことで完成する。読み手の意見や感想を加えてはならない。基本的に本文内の文章を使ってまとめ、文章の構成や流れも変えないようにする。

2．要約してみよう

要約文を作る際、縮約文をつないでいくと長くなる場合は、意味段落のまとまりを作り、その中で最も重要な中心文に絞って作ろう。

練習1 次の文章を読んで、形式段落と意味段落に分けなさい。

序論1　「小さいおうち」という小説は、今年映画になって公開もされた、私の代表作だ。昭和10年、東京郊外に小さな家が建てられ、核家族の一家がそこで暮らす日々を、当時女中として雇われていた女性が晩年になって綴る、というのがメインのストーリーになっている。

序論2　これを書こうと思った理由は、現実社会に警鐘を鳴らそうなどという大それた気持ちはなくて、ただ単純に、自分自身の興味と関心のためだった。私は、政治家や軍人、官僚など、歴史を動かす決断をした人たちではなく、一般の人々にとって、あの時代はどういう時代だったのか、なぜ戦争に向かったのか、知りたいと思ったのだ。

序論3　当時の記録に触れると、文化的には円熟期であり、都会の市民層には教養もあり、分別もあり、平和主義的な傾向すらあったように見える。しかし、歴史の教科書が教えるように、軍国主義が力を持ち、他国を侵略し、おびただしい犠牲者を出した時代だ。私はその、明るくて文化的な時代と、暗くて恐ろしい残酷な時代がどう共存していたのか、あるいはどこで反転したのか、知りたいと思った。

本論1　そこで私は当時書かれた小説、映画、雑誌、新聞、当時の人々の日記などを読んだ。のちになって書かれたものは、戦後的な価値観が入っているので、できるだけ、当時の考え方、当時の価値観がわかるものを調べた。すると、だんだんわかってきた。そこには、恋愛も、親子の情も、友情も美しい風景も音楽も美術も文学も、すべてのものがあった。いまを生きる私たちによく似た人たちが、毎日を丁寧に生きる暮らしがあった。私は当時の人々に強い共感を覚えた。

本論2　けれども一方で、そこからは、人びとの無知と無関心、批判力のなさ、一方的な宣伝に簡単に騙されてしまう主体性のなさも、浮かび上がってきた。当時の人々に共感を覚えただけに、この事実はショックだった。豊かな都市文化を享受する人たちにとって、戦争は遠い何処かで行われている他人事のようだった。少なくとも、始まった当初は。それどころか、盧溝橋で戦火が上がり日中戦争が始まると、東京は好景気に沸いてしまう。都心ではデパートが連日の大賑わい。調子に乗って、外地の兵士に送るための「慰問袋」を売ったりする。

おしゃれな奥様たちは、「じゃ、３円のを送っといて頂戴」なんて、デパートから戦地へ「直送」してもらっていたようだ。これは前線の兵士たちには不評で、せめて詰め直して自分で送るくらいのデリカシーがないものか、と思っていたらしい。つまり、それほどに、戦闘の事実は市井の人々から遠かった。これは 1939 年の「朝日新聞」の記事から読み取れる。盧溝橋事件からは２年が経過している。しかし、この後、戦況は願ったような展開を見せず、煮詰まり、泥沼になってきて、それを打開するためと言って、さらに２年後に日本は太平洋戦争を始める。また勝って景気がよくなるのだと人々は期待する。しかしそうはならない。坂を転げ落ちるように敗戦までの日々が流れる。

本論３　人々の無関心を一方的に責めるわけにはいかない。戦争が始まれば、情報は隠され、統制され、一般市民の耳には入らなくなった。それこそ「秘密保護法」のような法律が機能した。怖いのは、市井の人々が、毒にちょっとずつ慣らされるように、思想統制や言論弾圧にも慣れていってしまったことだ。現代の視点で見れば、さすがにどんどんどんどんおかしくなっていっているとわかる状況も、人々は受け入れていく。当時流行していた言葉「非常時」は、日常の中にすんなりと同居していってしまう。

結論１　昨年あたりから、私はいろいろな人に、「『小さいおうち』の時代と (今の空気が) 似てきましたね」と言われるようになった。出版された 2010 年よりも、2014 年の今のほうが、残念ながら現実と呼応する部分が多い。

結論２　いちばん心配なのは、現実の日本の人々を支配する無関心だ。戦前とは違い、戦後の日本は民主主義国家なのだから、きちんと情報が伝えられる中で、主権者である国民がまともな選択をすれば、世の中はそんなにはおかしな方向にいかないはずだ。それなのに、大変な数の主権者が、投票に行かず、選挙権を放棄している。そのことによって、あきらかに自分自身を苦しめることになる政策や法律が国会を通ってしまっても、結果的にそれを支持したことになると気づいていない。そうした人たちが、だんだんと日常に入り込んでくる非日常を、毒に身体を慣らすように受け入れてしまうかと思うとほんとうに怖い。

(中島京子「「戦前」という時代」『朝日新聞』2014 年 8 月 8 日 17 面)

①序論から主題文を抜き出しなさい。

② 本論１の中心文を書きなさい。

③ 本論２の中心文を書きなさい。

④ 本論３の中心文を書きなさい。

⑤ 主題文に呼応する筆者の意見でもっとも重要だと思われることを、本論の中から要約して書きなさい。

⑥ 結論で深められている筆者の考えを要約して書きなさい。

練習2 次の文章を読んで、キーワードを見つけ、段落ごとの中心文を抜き出してみよう。

『源氏物語』の主人公光源氏は、生れた時から世にも優れた美しさを備えていたという。物語のなかでは、「世にもきよらなる玉のおの子御子」と形容されている。この一句を、与謝野晶子は「またもないような美しい皇子」と訳した。「清らか」という言葉は、この時代、現代語の「美しい」とほぼ同じ意味を持つ言葉だったからである。

だが、「清らか」とは、現代においてもそうであるように、本来汚れや余計なもののない状態を表す言葉である。とすればそれは、そのような状態を「美しい」と見る美意識があったことを物語っているであろう。

芸術表現においては、このような美意識は、余計なもの、不用なものを思い切って切り捨てる「省略の美学」とでも呼ぶべき手法を生み出した。例えば室内を描くために、屋根や天井を取り除いてしまう「吹抜屋台」がその例である。あるいはベルサイユ宮殿の庭園は色とりどりの花壇や噴水で飾られているが、京都御所の紫宸殿の庭は清浄な白砂の広がりであることを思い出してもよいかもしれない。

洛中洛外図屏風でいたるところに金雲が描かれているのは、一方で装飾的効果を狙うと同時に、不用な部分を覆い隠すという役割も果している。

千利休の朝顔にまつわるエピソードは、この「省略の美学」を端的に示すものであろう。利休は珍しい朝顔を栽培して評判を呼んでいた。評判を聞いた秀吉が是非見たいと望んだので、利休は秀吉を招いたが、当日の朝、庭の朝顔を全部摘み取らせてしまった。秀吉は何の花もない庭に大いに不満であったが、傍らの茶室で床の間にただ一輪、見事な朝顔が生けられているのを見て機嫌を直したという。

「省略の美学」は、時には、余計なものを切り捨てる代わりに、逆に中心の主題を隠して見る者の想像力に訴えるという高級なやり方をする場合がある。さしあたりすぐ思い浮かぶのは、光琳の例である。『伊勢物語』東下りの段に、在原業平 (とされる男) が友人たちと三河の八橋まで来た時の話が語られている。カキツバタが咲き誇っていたというから、季節は初夏、ちょうど今頃のことであったろう。この時業平が「唐衣きつゝなれにしつましあればはるばるきぬる旅をしぞ思 (おもふ)」と詠んだので、遠い都を思うその心情に人々は涙を流したというのである。

この話は絵画の主題としてしばしば取り上げられているが、主役はもちろん業平と友人たちである。だが光琳は、あえて人物や、さらには橋まで取り去って、あの名作「燕子花 (かきつばた) 図屏風」を生み出した。花以外には何も描かれていない金地濃彩の画面は、卓抜なデザイン感覚を示すと同時に、豊かな文学的伝統をも包み込んで、まさしく「清らかな美しさ」を歌い上げているのである。

(高階秀爾「省略の美学　主題も隠し歌い上げる」『朝日新聞』2011 年 5 月 18 日　3 面)

① キーワードを書きなさい。

② ①の中で最も重要だと思われるキーワードを書きなさい。

③ 各段落の中心文を書きなさい。

第１段

第２段

第３段

第４段

第５段

第６段

第７段

練習３ 次の文章を読んで、キーワードを見つけ、段落ごとの中心文を抜き出し、要約してみよう。

福島第一原発事故は、予想もしない広がりをみせ、周辺住民を悲惨な状況に追い込んでいる。万単位の人々が、生まれ育った土地を離れ、不便な生活を強いられている。福島第一原発周辺では、一瞬のうちに地域の自然とコミュニティ全体が破壊されてしまった。原発があの土地になければ、このようなことにはならなかったのである。

日本の原子力開発は、原子力複合体によって、反対派、慎重派を徹底的に排除して、進められてきた。その最終的な帰結が福島第一原発事故である。原子力政策を推進してきた体制が完全に解体されなければ、原子力複合体は復活してくるであろう。福島第一原発事故のような事故がおこった後も、従来通りの原子力政策が継続されるようなことになれば、日本は二度と民主的なエネルギー政策をつくりだすことができない。

脱原発は、政治的スローガンでもイデオロギーでもなく、現実に実行可能な政策である。脱原発に進むことは、保守や革新などの政治的立場、思想信条、社会的立場の別を超え、多くの国民が一致できる政策である。

将来世代に、放射性廃棄物と事故のリスクという巨大な負の遺産を残すのか。再生可能エネルギーを中心とするエネルギー体系を残すのか。これは、私たちと将来世代にとってのコストの問題である。「原発のコスト」を回避すること、これは脱原発によってのみ可能である。

原子力複合体の巨大な力に抗して脱原発を行い、原子力ゼロの社会を本当に実現できるだろうか。

福島第一原発事故後、Twitter や Ustream などのインターネットのコミュニケーションツールを使って、新しいデモクラシーの流れが形成されつつある。こうした動きをさらに進め、エネルギー政策に国民世論が反映されるための民主的な仕組みが国の行政や国会の中に作られる必要がある。まずは、これまで秘密とされてきた原子力発電を含む電気事業の全ての情報を公開させ、完全に透明にしなければならない。また、一部の利益集団や推進派の学者・研究者のみが、社会全体にかかわるエネルギー政策を決定するような仕組みを完全に解体する必要がある。これによってはじめてエネルギー政策は民主化され、公正さと中立性が確保されるであろう。

福島第一原発事故は、技術的な安全対策がとられていなかったことが原因と言われることがある。だが、それは原因構造の表面でしかない。なぜ安全対策が取られていなかったのか。それは、エネルギー政策形成にあたって、原発の真のコストが隠蔽され、利益集団の都合の良い判断のみが反映されてきたからである。このような仕組みがなくならない限り、また新たな問題が発生するであろう。

福島第一原発事故の教訓を活かすためには、国民が強い政治的意識を形成しなければならない。脱原発社会の実現は、私たち自らの「責任ある関与」にかかっている。

（大島堅一「求められる市民の責任ある関与」『原発のコスト』岩波新書 2011 年 12 月 210 ～ 212 頁）

① キーワードを書きなさい。

② ①の中で最も重要だと思われるキーワードを書きなさい。

③ 各段落の中心文に下線を引きなさい。

④ キーワードと中心文を参考にして、100字で要約してみよう。

第6章　口頭発表をする／レポート・論文を書く――事前準備

発表、レポート・論文は、ある課題・テーマについて調査し、そこで得たデータや分析結果から自分の意見をまとめ、報告するものである。より論理性、説得性のある内容とするためには、作成前の準備段階においてテーマを具体的に設定する必要がある。また、自分の意見の材料となる資料の収集および分析も入念に行わなければならない。

この章ではこうした準備段階のポイントを学ぶ。

1．テーマ設定

大学の授業では、教員が詳細な課題を提示することもあるが、大まかなテーマのみ提示されることもある。

どちらにしても与えられたテーマについて、自分の関心や知識をまず確認する。次に、下調べをして知識を増やしていく。そして、最も関心があるテーマを具体的に絞っていく。こうした課題発見力を身に付けていく方法として、ここではマンダラートとイメージマップ、そしてリサーチ・クエスチョンについて説明する。

（1）マンダラート

マンダラートは今泉浩晃が考案したアイデア思考法[注1]である。９つに分かれたマスで構成され、マスの中心に課題で出されたテーマを書く。その周囲の８つのマスにテーマから思いついたことや関連する単語を書いていく。マスがすべて埋まらない場合は、テーマに関する知識が不足している可能性がある。資料を用いて下調べをし、すべてのマスを埋める。

すべてのマスを埋めたら、８つのマスの中で最も関心があるものを新たに中心に書いたマンダラートを作る。最初のマンダラートと同じように、中心に書いたことについて思いついたことや関連することを周囲のマスに書いていく。この作業を繰り返し、最終的に最も関心のある言葉を決め、自分の論のキーワードとする。

また、下調べで使用した各資料の出典を必ずメモしておくこと。

■マンダラートのワークシート■

（2）イメージマップ（思考マップと構想マップ）

イメージマップは入部明子が考案(注2)したもので、後に荒木晶子らが大学生向けに詳細に紹介(注3)した。この思考法では、二段階で論の構想を明確化すると同時に、自身の発想を深めていく。

最初に作成する思考マップの目的は、自身の発想を広げていくことにある。用紙の中心に課題で出されたテーマを書いて丸で囲み、その周囲にテーマから思い浮かんだ言葉を書き、線でつないでいく。思い浮かぶものが無くなるまで、言葉ごとにこの作業を繰り返し、マップを広げていく。言葉がなかなか出てこない場合は、テーマに関する知識が不足している可能性がある。その時点で不十分なところや調査が必要なことも書き込み、マップを完成させる。

思考マップはあくまでもスケッチであるため、完璧に仕上げる必要はない。書く順番に決まりもない。思い浮かんだものを次々と気軽に書いていくのがポイントである。

思考マップを完成させたら、最も言葉が枝分かれしている個所のみに論点を絞り込んだ構想マップを新たに作る。思考マップは思い浮かんだ言葉をつなげただけであるため、これのみで文章を書いてしまうと論点が一貫性のないものとなってしまう。自身の問題意識を明確にするためにも、最も関心があることに論点を絞った構想マップを作成する必要がある。

作成方法は基本的に思考マップと同様である。まず、思考マップより具体的に論点を絞った新たなテーマを用紙の中心に書き、丸で囲む。文章を書く際には、これが主題を表すキーセンテンスとなる。周囲に思い浮かんだ言葉、あるいは短い文章を書き、線でつないでいく作業を繰り返し、構想マップを完成させる。

また、論点にあまり関係のないものは捨て、一貫性のあるものに仕上げることもポイントである。完成した構想マップはアウトラインの材料となる。

■イメージマップのワークシート■

【思考マップ】

【構想マップ】

（3）リサーチ・クエスチョン

マンダラートやイメージマップでテーマを絞ったら、選んだキーワードをもとに5W1H（When/いつ、Where/どこで、Who/だれが、What/なにを、Why/なぜ、How/どのように、どのくらい）の論点でリサーチ・クエスチョンを作る。5W 1Hに当てはまらないリサーチ・クエスチョンが出てきた場合には、「その他」として書いても良いだろう。

次に、5W 1Hで考えたものを踏まえて、更に複雑な論点、例えば「信憑性」・「理由」・「経緯」・「状況」・「比較」・「解決法」などの視点からリサーチ・クエスチョンを考え、思考を広げる。

自分で考えたリサーチ・クエスチョンの中から特に関心があるものを2、3点に絞る。その際、なぜ関心を持ったのか理由も書いておくとよい。次に選んだリサーチ・クエスチョンに対する答えを考える。この時点では、多様な予想が出てくるだろうが、ひとつに絞る必要はない。すべて書き出しておこう。予想した答えに辿り着くために、あらかじめ調べておく必要のある事項を書き出した後、資料を用いて下調べをする。

こうしたリサーチ・クエスチョンを作成することで、自分の問題意識がより明確になる。本格的な調査を始める前に、これまでの自分の考えをまとめ、他の学生に発表してコメントをもらうのも良いだろう。

■リサーチ・クエスチョンのワークシート■

【5W1Hのリサーチ・クエスチョン】

5W 1H	リサーチ・クエスチョン
いつ (When)	
どこで (Where)	
だれが (Who)	
なにを (What)	
なぜ (Why)	
どのように (How to) どれくらい (How much (many))	
その他	

【自分で考えたリサーチ・クエスチョン】

【特に関心のあるリサーチ・クエスチョン】

リサーチ・クエスチョン	予想される答え	調査事項

☆マンダラートでもイメージマップでも、まずは発散型思考でアイデアを広げ、その後に収束型思考で最も関心のある事柄にテーマを絞っていくという流れは同じである。テーマ選定の方法に活用できるシンキングツール（思考ツール）は、この他にも付箋を活用した方法やマトリックス、ベン図、X/Y/W チャートなど多種多様である。自身の目的に合わせて様々な方法を試し、最適な方法を見つけよう。

注 1　今泉浩晃『創造性を高めるメモ学入門』（日本実業出版社　1987 年 9 月）、今泉浩晃『マンダラ MEMO 学：Mandal-Art　脳の OS を創る』（オーエス出版社　1998 年 2 月）
2　入部明子『アメリカの表現教育とコンピュータ：小・中・高・大学の教育事情』（教育出版センター　1996 年 7 月）
3　荒木晶子、向後千春、筒井洋一『自己表現力の教室：大学で教える「話し方」「書き方」』（情報センター出版局　2000 年 4 月）

2．アウトラインの作成

アウトラインとは、自分の論述の大筋、「骨組み」のことである。レジュメやレポート・論文の土台となるため、ある程度具体的に練り上げる。テーマに沿って、序論・本論・結論ごとに書こうとしている内容を書き分け、構成を考えておく必要がある。

（1）アウトライン作成の手順

① テーマを選ぶ。

② そのテーマについての材料をメモに書き出す。

1）問いの形で問題提起をする。更にそれについての答え（主題）を示す。
2）問題提起や主題について、さらなる問いかけをしてみる。
3）問題提起やそれに関連した問いに答えるために必要な情報を書き出していく。

③ 書き出した材料から自分が特に着目する論点を選ぶ（これが本論のアウトラインの種になる）。

入手困難だと思われる資料や実現不可能な調査を必要とする論点は削る。

④ アウトラインを決める。

1）序論・本論・結論ごとに、書こうとしている内容を書き分ける。
2）一貫した流れになるように意識する。
3）主題と関係のない論点は削るか、他の論点と関連づけるようにする。
4）論点はできるだけ絞り込む。

☆この時点でのアウトラインはあくまでも「仮」のものである。本文を書き進める際にあまり縛られ過ぎても良くない。大きく逸脱することは避けたいが、書く作業と並行して調査および考察を深め、本筋との関連を考えながら、加筆・修正することが望ましい。

（2）アウトラインの作成

① 序論（＊全体の 10%程度）

1）問題提起をする（問いの形で示す）。

【例】「少年犯罪が増加しているという印象は何によって強化されたか。」

2）レポートの主題文を提示する（問いに対する答えになるように書く）。

【例】「少年犯罪が増加しているという印象は、マスメディアの報道の仕方によって強化された。」

3）特に着目する論点を示す（本論で展開する内容を示す）。

【例】「実際の少年犯罪の数の推移と人々の印象とのずれ」「ＴＶメディア（主にワイドショー）での話題の取り上げ方」

② 本論（＊全体の 70%程度）

具体的事実をあげて、意見（仮説）の根拠を示す。

1）問題提起から派生した問いと仮説Ａ・Ｂを示す。

【例】仮説Ａ「少年犯罪は本当に増加しているのか。」（問い）
「実際は減っているのではないか。」（仮説）
→仮説の根拠（統計データによる比較）を示して考察する。
仮説Ｂ「世間の少年犯罪についてのイメージとはどのようなものか。」（問い）
「多くの人は少年犯罪が増加していると考えている。」（仮説）
→仮説の根拠（関連する文献の引用、アンケート調査）を示して考察する。

2）着目する論点を提示して考察する。

【例】ＴＶメディア（主にワイドショー）での少年犯罪の取り上げ方（着目する論点）
「ワイドショーは他のニュース番組や新聞による報道よりもエンターテインメント性が強く、見る人にとって『分かりやすい』イメージを発信する傾向にある。」
→実際にワイドショーが事件をどのように取り上げているのかを検証し、考察する。

③ 結論（＊全体の 20%程度）

1）主題を再確認する。

【例】「実際の件数の減少傾向にもかかわらず少年犯罪が増えているという印象が強くなったのは、ＴＶメディアの報道の仕方に原因がある。」

2）研究の意義を確認する。

【例】「少年犯罪に対するイメージと実態のずれや、その背景が明らかになった。」

3）研究の現段階における限界と今後の課題を指摘する。

【例】「情報発信者としてのメディアの問題のみを追求していったが、情報の受け手側の問題についても検討する必要がある。」

3．資料の検索と収集

発表やレポート・論文では、分析に用いたり、自身の意見を支えたりする資料や情報を収集し、適切に使用しなければならない。以下に示した検索や収集の留意点をしっかり確認し、目的の資料や情報を得られるようにしよう。

（1）検索の前に

幅広い情報を集めるためには、多様な資料にあたらなければならない。そのためにも、資料や情報を検索、収集する目的（新聞記事や研究論文など、どのような種類の情報が必要か、いつの情報が必要か、など）を明確にしておく必要がある。課題が出てすぐに調べるのではなく、以下の点を確認してから検索をしよう。

①「何のために調べるのか」、「何を用いて調べるのか」を確認する。研究書・研究論文・雑誌記事・新聞といった集める資料や情報によって、また各専門によって、用いるデータベースが異なる。

② 各情報媒体の長所・短所を理解する。各資料によって、質・量・寿命・公平性・権威・値段・保存の方法・入手のしやすさなどが異なることを理解する。

また、集めた資料、情報はあくまでも参考意見であって、自分の意見ではない。あくまでも資料は材料であり、他者の言説と自分のそれとを明確に区別する必要がある。自分の考察が「主」、資料は「従」の関係であることを決して忘れてはならない。

（2）適切なデータベースを使用する

必要な資料の検索をする際は、まず大学図書館の「OPAC」（蔵書検索）から行うことが一般的である。他にも「NDL　ONLINE」（国立国会図書館）や「Webcat Plus」（国立情報学研究所）などで調べることもできる。また、目的とする資料や情報によって、使用するデータベースが異なるため留意すること。データベースによっては有料のものもあるが、多くの大学図書館では在籍する学生には無料で利用可能としている。まずは大学図書館の「OPAC」などから利用できるデータベースを確認しよう。

① フリーアクセスのデータベース

1）図書などを探す

- 国立国会図書館オンライン　NDL ONLINE（https://ndlonline.ndl.go.jp/）
- CiNii Books（https://ci.nii.ac.jp/books/）
- Webcat Plus（http://webcatplus-equal.nii.ac.jp/）

2）研究論文を探す

- CiNii Articles（https://ci.nii.ac.jp/ja）

3）統計データを調べる
・総務省統計局（http://www.stat.go.jp/）
・政府統計の統計窓口 e-Stat (https://www.e-stat.go.jp/)
4）各省庁の「白書」を調べる
・首相官邸：資料集「白書」（http://www.kantei.go.jp/jp//hakusyo/）
5）新書を探す
・新書マップ（http://shinshomap.info/search.php）

② 有料のデータベース（※大学図書館で利用できるかどうか確認する）

1）用語を調べる
・ジャパンナレッジ Lib、など。
2）新聞記事を調べる
・聞蔵Ⅱビジュアル、ヨミダス歴史館、日経テレコン、毎索、など。

（3）実際に検索、収集してみよう

① キーワードを工夫する

1）ひとつの言葉に限定せず、分野や切り口などの視点を工夫して様々な言葉で検索する。
2）類語辞典やシソーラスを用いて、同じような意味の言葉を探し、検索する。
3）漢字、ひらがな、カタカナ、英語など、表記も工夫する。

② 検索する

1）件名をチェックし、内容に関するキーワードを捉える。
2）著者の他の著書や論文なども確認する。
3）ジャパンナレッジなども活用する。
4）論文を検索する場合は、各専門のデータベースを活用する。
5）資料を探す際には、反対意見にもあたる。

③ 書棚から探す

1）図書の場合、目次や前書きを確認する。
2）探した図書の両隣もチェックし（ブラウジング）、必要なものは内容を確認する。
3）探し出した図書や論文の参考文献から、次の資料の当りをつける。孫引きは絶対にしない。

④ 欲しい資料が大学図書館に所蔵されていない場合

1）諦めずに文献複写や現物貸借、他大学図書館への紹介状、図書購入申込みなどを活用し、なるべく手に入れる。
2）自分自身で目的の資料が上手く見つけられない場合には、図書館のレファレンスや各専攻の研究室などに相談すると良い。

（4）インターネット上の情報

インターネット上には、執筆者が明らかでない、あるいは匿名による不確かな情報が溢れている。こうしたものは学術的な資料とは認められない。レジュメやレポート・論文では、公共性のある質の高い資料を利用することが大前提であることを認識しよう。

インターネットの利点のひとつはその手軽さにある。しかし、その点にこそ落とし穴が隠れていることを十分に理解して利用する必要がある。

4．表・グラフ

資料には表やグラフといったデータが記載されているものが多くある。これらを正しく分析、利用することで、簡潔にポイントを絞って伝えることができる。一方、自分の意見を構築する際には、先行文献を参考にするだけでなく、調査や実験などから得られたデータを活用することにより、効果的に客観性と説得性を付加することができる。適切にデータ分析と考察を行い、更に、見せ方、まとめ方にも工夫することが必要である。

（1）表・グラフの特徴

・棒グラフ：量の大小を比較する。

・折れ線グラフ：量の変化の推移を示す。

・円グラフ：全体における割合を示す。

・帯グラフ（100％積み上げ棒グラフ）：割合を要素ごとに比較する。

（2）表・グラフの内容を確認する

図表やグラフを読み取る際には、その前後にある解説を抜き書きする。解説がない場合には、①表題、②調査内容（対象・項目・期間）、③単位や記号の説明、④特に注目すべき点を自分で記録しておくと良い。

（3）データの分析

次の練習問題を解き、表やグラフ化されたデータを分析してみよう。

練習1 以下は、敬語を使うことに関して、（1）〈社会生活を営む上での考え〉はどうか、（2）〈個人的な考え〉としてはどうか、という世論調査の結果である。これを踏まえて後の問いに答えなさい。

	（1）〈社会生活を営む上での考え〉	（2）〈個人的な考え〉
必要だから使いたい	72.1%	58.9%
使わざるを得ないので使いたい	20.4%	25.5%
できる限り使いたくない	5.3%	12.2%
全く使いたくない	0.9%	1.8%
分からない	1.3%	1.6%

（『平成 17 年度　国語に関する世論調査』文部科学省 2005 年）

① この結果を表した次の文章中の（　　　）に、適切な言葉を入れなさい。

〈社会生活を営む上での考え〉の結果からみると、（　　　　　　　　）と（　　　　　　　　）とを合わせた「使いたい」という意見は、9割強となっている。（　　　　　　　　）と（　　　　　　　　）とを合わせた「使いたくない」という意見は1割に満たない。

② ①と同様に、〈個人的な考え〉の結果を文章にまとめなさい。

③ ①と②の結果を踏まえ、この表から分かることを文章にまとめなさい。

練習2 次のデータを見て、後の問いに答えなさい。

雇用形態による一人当たり賃金の差

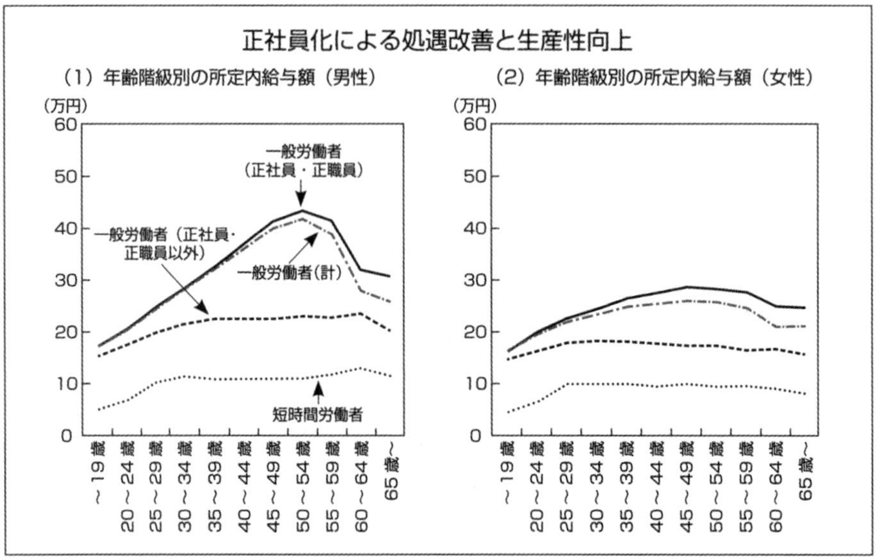

（『平成 26 年度　年次経済財政報告』内閣府 2014 年 https://www5.cao.go.jp/j-j/wp/wp-je14/h05_hz020211.html　閲覧日 2019 年 12 月 24 日）

① 雇用形態に着目すると、どのようなことが読み取れるか。

② 性別に着目すると、どのようなことが読み取れるか。

③ 年齢別に着目すると、どのようなことが読み取れるか。

練習3 次のデータを見て、後の問いに答えなさい。

雇用者の構成割合の推移

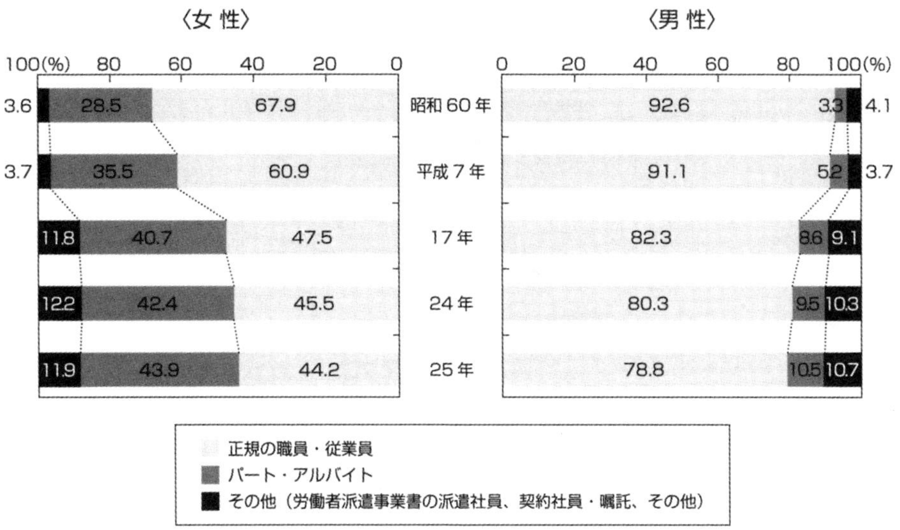

〈備考〉1. 昭和60年と平成7年は，総務庁「労働力調査特別調査」（各年2月）より，17年以降は総務省「労働力調査（詳細集計）」（年平均）より作成。「労働力調査特別調査」と「労働力調査（詳細集計）」とでは，調査方法，調査月等が相違することから，時系列比較には注意を要する。

2.「正規の職員・従業員」と「非正規の職員・従業員」の合計値に対する割合。

（『男女共同参画白書　平成26年度版』内閣府2014年　http://www.gender.go.jp/about_danjo/whitepaper/h26/zentai/html/zuhyo/zuhyo01-02-05.html　閲覧日2019年12月24日）

① 年度に着目すると、どのようなことが読み取れるか。

② 性別に着目すると、どのようなことが読み取れるか。

練習4 次のデータを見て、後の問いに答えなさい。

パートタイム労働者の活用理由（パートタイム労働者がいる事業所＝ 100）

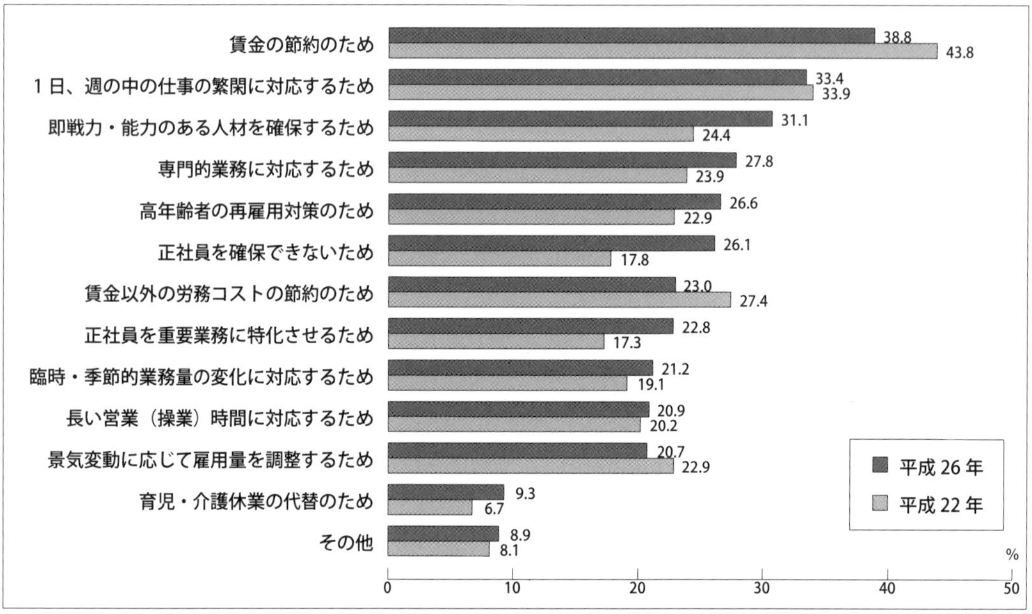

（『平成 26 年就業形態の多様化に関する総合実態調査の概況』厚生労働省 2015 年 https://www.mhlw.go.jp/toukei/itiran/roudou/koyou/keitai/14/dl/gaikyo.pdf　閲覧日 2019 年 12 月 24 日）

① 上のグラフからどのようなことが読み取れるか。

練習5 練習２～４の個々のデータの分析を踏まえて、「雇用」についての総合的な自分の意見を述べなさい。

第７章　グループディスカッション

グループディスカッションは大学の授業だけでなく、就職試験においても、個人面接だけでは測れない個人の資質や特徴などを見る判断材料として多く用いられている。

ここでは、グループディスカッションの手順を把握し、チームの中で個人がどのような役割を果たすべきかについて学ぼう。

１．グループディスカッションで求められるもの

グループディスカッションは一般的には４人から10人で行われることが多い。就職試験や採用試験では、学生が会社に入社した後、集団の中でどのように行動し、チームや会社に貢献できるのか、学生の個性を含めた適性も推測する材料としている。

グループディスカッションは多様な意見が集まる中で制限時間内に結論を導き出す、というチームワークが求められる。役割や手順を学び、基本を身に付けよう。

グループディスカッションの基本ポイント

①積極性：きちんと自分の意見を出すことができるか
②協調性：相手の意見やチームの合意に合わせることができるか
③コミュニケーション能力：他のメンバーに質問をしたり、発言を促したりできるか
④アイデア力：テーマに対し、様々な角度から意見を言えるか
⑤論理的思考力：結論から述べ、適切な根拠のもと自分の意見を組み立てられるか

２．グループディスカッションで出されるテーマの主な分類

（１）**自由討論型**：抽象的な内容に対し、答えを出していく。
【例】「『良い教員』とはどのような教員か」

（２）**選択型**：与えられたいくつかの選択肢の中から答えを導き出す。
【例】「海外から日本に来る旅行者に、春夏秋冬のうち、どの季節を勧めるべきか」

（３）**ディベート型**：一つのテーマに対し是か非かを話し合う。
【例】「高校の制服はあったほうがいいか、ないほうがいいか」

（4）**課題解決型**：与えられたテーマに対し、分かっている情報を参考にしながら解決策を導き出す。

【例】「文化祭の模擬店の来客数を 30 パーセント増やすにはどうしたらよいか」

3．役割の説明、注意事項

グループディスカッションの役割は、大きく分けて司会、タイムキーパー、書記、発表者、その他参加者の 5 つがある。どの役割にも共通して言えることは、それぞれ求められる役割を把握し、その役割に応じた能力を発揮することが重要だということである。そのため授業におけるグループディスカッションでは、毎回異なった役割を担当し、経験しておくことが望ましい。

司会	**進行役にあたる。発言が少ない人に発言を促したり、意見を言いやすい雰囲気にしたり、メンバー一人一人への配慮が求められる。** ＊陥りやすいNGポイント 自分の意見ばかりを通そうとしたり、メンバーの合意がないまま結論を出そうとしたりしないようにする。
タイムキーパー	**話し合いの最初にチームで決めた時間配分に応じて、進行が滞りなく進むよう声をかける。司会が兼任することもある。** ＊陥りやすいNGポイント 時間を気にするだけが仕事ではない。残り時間を考えて、議論の優先順位を提案し、横道にそれそうになった場合には修正するよう促すことも必要。
書記	**話し合いの内容をまとめ、現状を整理し、最後の発表の際に話し合いの成果を可視化できるようにする。紙に書いてもいいし、あればホワイトボードなども活用する。** ＊陥りやすいNGポイント 話し合い内容をまとめることに夢中になるあまり、自分が発言することを忘れてしまわないようにする。
発表者	**チーム内での合意のもと、まとまった結果を報告する。** ＊陥りやすいNGポイント いきなり発表しようとせず、発表の前にチーム内で発表内容の確認を行っておく。
その他参加者	**どの役割にもついていないが、積極的に発言することが望ましい。** ＊陥りやすいNGポイント 役割がないからといって、発言の回数が少なくならないようにする。

4．進め方——流れと時間の目安

グループディスカッションには時間制限がある。いきなり話し合いに入らず、全員で確認しておくべきこと、話し合いの方針、時間配分などを決めておくことが必要である。

たとえば話し合いの方針について、まずは個人でそれぞれ考える時間をとるのか、その場合、どのくらいの時間を割くのかなどを具体的に決めておくことや、メンバーの役割についても担当者に任せきりにせず、一人一人がチーム全体のサポートを心掛けることが大切である。メンバーがお互いに気持ちよく話し合いができるよう、雰囲気作りにも留意したい。話し合いが終わったら、互いに感謝の挨拶をして終わろう。

① **導入（5～10分）**：自己紹介、役割分担
② **本論（20～40分）**：論点の確認、話し合いのルール決め、アイデア出し、議論、絞り込み、妥協点の模索、合意形成
③ **結論（5分）**：決定事項の確認、発表

5．気をつけるべきこと

グループディスカッションは一人で行うものではない。自分勝手な行動はチームの輪を乱すことになる。自分が発言する時、相手の発言を聞く時のマナーには気をつけたい。

（1）発言する時のポイント

① 自分の意見ばかり主張しない。
　→積極的に発言することは大切だが、相手を言い負かすことがグループディスカッションの目的ではない。
② はっきりと大きな声で発言する。
　→会場では他のグループが同時にグループディスカッションを行う場合があるため、相手に聞こえるように話す。

（2）聞く時のポイント

① 発言している相手の方を見ること。
　→相槌やうなずきなどすると、相手が話しやすい雰囲気を作ることができる。
② 人が発言している時にさえぎったり、否定から入らないようにする。
　→まずは相手の話を聞く、ということを心掛けること。
③ 他の人の発言に対し、質問してみるのも良い。
　→その人の発言が、テーマに対し、どのような立場なのかを確認するためや、本当に関係のある発言だったのかを整理するために、質問をしてみよう。質問を装って相手の意見を言い負かさないこと。
④ 腕や足を組んだり、頬杖をついたり、髪の毛をいじったりしながら話を聞かない。
　→人によっては癖になっている場合があるため、気をつけたい。

6．グループディスカッションで使用できる教材

次ページの「個人記入シート」「振り返りシート」を使って、グループディスカッションの練習をしてみよう。グループになり、テーマが発表されたあと、自己紹介と役割分担を終えたら、まずは「話し合いの最初に、全員で確認しておくべきこと、不明点など」を確認しよう。

次に個人の意見を整理する時間を作り、「テーマに対する自分の意見」をまとめる。「グループで出た意見、ディスカッションの記録」には話し合いの内容をまとめよう。

グループディスカッションが終わったら、「振り返りシート」を使って話し合いの記録をつけ、自分達の活動を振り返ってみよう。

■個人記入用シート■

年　月　日	学籍番号：	氏名： (役割：　　　　　　)
テーマ：		

【話し合いの最初に、全員で確認しておくべきこと、不明点など】

【テーマに対する自分の意見】

【グループで出た意見、ディスカッションの記録】

■振り返りシート■

年　月　日	学籍番号：	氏名： （役割：　　　　　　　　）
テーマ：		

【グループディスカッション　自己採点表】（＊各項目５段階で評価…５が最高点）

発言の仕方		発言内容	
積極性		課題理解・分析力	
協調性		知識量	
態度・表情		論理性・説得力	
役割遂行達成度		展開力・まとめ方	
マナー・聞き方		独創性	
合計		合計	

【導入から結論までどのような話し合いだったか】

導入	
本論	
結論	

【グループの振り返り】

グループの良かった点	
グループの反省点	
原因	
次回気をつけるべきところ	

【個人の振り返り】

自分自身の良かった点	
自分自身の反省点	
原因	
次回気をつけるべきところ	

第8章　ディベート

ディベートは、選挙での候補者による公開討論や、裁判での検察側・弁護側の応酬などに見られるように、実社会において頻繁に行われている。また、学校教育の現場や就職試験では、ゲーム形式の教室ディベート・競技ディベートが多用されている。

この章では、教室ディベートを取り上げる。

1．ディベートとは

一般に、ディベートの議論を通じて、①客観的・批判的・多角的な視点、②論理的思考力、③情報収集・整理・処理能力、④発信力が身に付くとされる。ディベートの技法は、自分の考えやものの捉え方を深めるための技術なのである。

ディベートでは、ある特定のテーマの是非について賛成側と反対側のふた手に分かれて、相手側の主張を論破するなどして第三者を説得する形で議論を行い、最後に判定員（ジャッジ）が議論の優位性から勝敗を決めるという流れで行われる。

与えられたテーマに即して資料を用いながら、賛成（肯定）側は利点などの良い面を訴え、反対（否定）側は欠点などの悪い面を訴える。両方の主張を聞いた判定員は、最終的にどちらがより論理的で説得性のある主張を行っていたかを判断し、勝敗を決める。

教室ディベートでは、公平を期すため、賛成側・反対側の割り振りはランダムで決められる。自分がどちらの立場に立つのかは、試合の直前まで分からない。従って、自身の個人的な主義主張から離れて、賛成側・反対側両方の言い分を慎重に考慮しながら、それぞれの主張の根拠となる資料をバランスよく集め、より客観的な視点に立ってテーマと向き合うことが求められる。

ディベートの各項目には制限時間が細かく決められている。そのため、立論や質疑応答などではチーム力が問われることとなる。チームのメンバーと意思疎通をはかり、主張に一貫性を持たせることも大切なポイントである。個人での入念な準備、そしてチームでの協力といった総合的な力が必要となる。

2．ディベートの形式

一般的な教育ディベートの形式には、リサーチ重視の論証重視型ディベートとスピーチ重視の即興性重視型ディベートとがある。それぞれの特徴を把握しよう。

（1）論証重視型ディベート（ポリシーディベート）

事前にテーマが告知され、選手は試合の前に数週間から数ヶ月の準備期間を与えられる。その間にテーマに対する十分なリサーチ、証拠資料（エビデンス）集めを行い、立論・反論カードを作成して試合の準備を行う。米国の大学ディベートで多く行われ、日本でも大学生の英語・日本語ディベート、中学生や高校生のディベート大会で多く用いられている。

（2）即興性重視型ディベート（パーラメンタリーディベート）

ディベートの試合直前にテーマが与えられ、即興的に行う。選手を賛成（肯定）側・反対（否定）側に分け、チームごとに数分間で作戦会議を行い、その直後に試合開始となる。英連邦諸国で多く行われ、近年、日本でも大学生の英語ディベートで用いられている。

3．役割の説明、注意事項

以下に一般的なディベートでの各役割を示す。なお、勝敗の判定の後、判定員や司会・進行役が講評を行うこともある。

賛成（肯定）側ディベーター	**なぜ賛成（肯定）するのか、資料等を用いて客観的に意見を述べる。また、相手側の意見に対して論点の矛盾や弱点を洗い出し、質問・反論をする。** ＊陥りやすいNGポイント 賛成側にもかかわらず自分が反対であるために、意見を述べられなかったり、矛盾した主張をしてしまったりする。論理性から外れて感情的な発言をしてしまう。
反対（否定）側ディベーター	**なぜ反対（否定）するのか、資料等を用いて客観的に意見を述べる。また、相手側の意見に対して論点の矛盾や弱点を洗い出し、反撃をする。** ＊陥りやすいNGポイント 反対側にもかかわらず自分が賛成であるために、意見を述べられなかったり、矛盾した主張をしてしまったりする。論理性から外れて感情的な発言をしてしまう。
判定員（ジャッジ）	**賛成側・反対側、両方の意見、そして討論から、どちらの主張がより説得力があるかを判定する。ディベートでは、判定員の説得が目的となる。** ＊陥りやすいNGポイント 自分の主観に立って、賛成側、反対側の一方に肩入れしてしまう。

司会・進行役	賛成側・反対側、両方に平等に目を向け、ディベート全体をルールに沿って進行させる。また、各項目を制限時間内に収めるように留意する。制限時間を大幅に超える場合は、論述中であっても発言を制止して次の項目に進める。 ＊陥りやすいNGポイント 自分の主観に立って、賛成側、反対側の一方に肩入れしてしまう。決められた項目の時間をオーバーしても注意できない。
時間管理（タイムキーパー）	タイムテーブルに沿って時間を計り、伝える。ディベートでは議論する項目の順番や内容が細かく決められているため、ストップウォッチなどを利用して的確に時間を告げる。 ＊陥りやすいNGポイント 決められた時間配分の予定時刻になってもなかなか言い出せずにオーバーしてしまう。

4．進め方――流れと時間の目安

ディベートの進め方の大枠を示すと、「立論」→「質疑応答」→「最終弁論」という流れになる。各項目の順番・制限時間が細かく定められているため、ディベート開始前に全体の流れを把握しておこう。そうすることで、次に何をすべきかなど余裕をもって取り組むことができる。以下にディベートの流れの一例を示す。なお、質疑応答や立論に対する反論は一度ではなく、繰り返し行うこともある。

①テーマの確認とグループ分け 与えられたテーマの確認。参加者を賛成（肯定）側と反対（否定）側とに分ける。
②立論発表の準備（10分） それぞれのチーム内で論点を共有し、立論発表の流れを考える。また、相手側からの反論を予測し、それに対する再反論のアイデアを出し合う。
③賛成（肯定）側の立論（5分） テーマに対して賛成する理由を述べ、論点を提示する。
④反対（否定）側の立論（5分） テーマに対して反対する理由を述べ、論点を提示する。
⑤反対側質問・賛成側応答（5分） ・確認…聴き洩らしたことやもう一度確認をしておきたいことを質問する。 ・攻撃…弱点や矛盾を指摘する、反例を提示するなどして論理的に崩す。 ・防御…相手からの反論に対して説明の足りていない部分を補足説明する。 ・比較…互いのメリット・デメリットを比べて、自分たちがより説得力が高い理由を示す。

⑥賛成側質問・反対側応答（5 分）
⑦賛成側から反対側立論に反論・反対側の再反論（5 分） ・根拠を攻める…相手の立論の根拠そのものが誤っていたり、弱かったりする場合に指摘する。 ・新たな問題…相手の主張を採用すると新たに他の問題が生じてしまう場合に指摘する。 ・重要性を比較…根拠の重要性を相対的に示す。
⑧反対側から賛成側立論に反論・賛成側の再反論（5 分）
⑨最終弁論の準備（5 分） これまでの討論を踏まえて最終弁論を組み立てる。ただし、これまでに述べていないことを組み込むことはできない。
⑩反対側最終弁論（5 分） 最終的な主張の正当性を論理立てて示す。
⑪賛成側最終弁論（5 分）
⑫勝敗の判定および講評（10 分） 判定員による勝敗の判定と講評。

5．気をつけるべきこと

① 原則として一人のディベーターが発言している間は、他のディベーターが意見を挟むことはできない。
→質問をする際には挙手をし、司会・進行役から指名された者が質問できる。

② 発言する人は「結論」→「根拠」の順に整理し、論理的かつ簡潔に意見を述べること。
→発言を聞く人は、各自メモを取って発言内容のポイントを取りこぼさないように注意する。

③ 感情的になったり、攻撃的な発言や態度をとったりしない。
→ディベートは相手ではなく、判定員を説得、納得させることが目的である。「自分が相手側だったら、どのように考えるか」と意識しよう。

④ 制限時間を越えてしまう場合は、論述中であっても終了となる。
→質問に対して相手から有効な回答がないまま時間が経過する場合、「有効な回答がないようなので次の質問に移ります」などと述べたうえで相手の応答を打ち切ることができる。

⑤ 応答する際、質問に対して質問で返さないこと。

6．ディベートの評価の観点

ディベートでは、「いかに説得性があるか」が勝敗を分ける重要なポイントとなる。

一般的には、①立論の説得性、②質疑応答の論理性および説得性、③最終弁論の説得性、④資料の活用、⑤時間の活用、⑥チームワーク力、⑦発言の仕方 (内容の分かりやすさ、声の明瞭さなど)、⑧ディベーターとしての態度、といった観点から総合的に判断される。

7．ディベートで使用できる教材

以下の各ワークシートを用いて、ディベートの実践をしてみよう。テーマが発表されたら、各自「下準備用シート」を用いて資料を集めよう。ディベート当日は、役割ごとにワークシートを使い分け、ディベート後には用いたワークシートから活動を振り返り、改善点を考えると良い。何度かディベートを行い、各役割を担当することが望ましい。

最初はなかなか発言できなかったり、上手く資料が使えなかったりするかもしれない。ディベートを繰り返し行い、その都度改善していくことで、人前で話すことにも慣れ、また自信にも繋がる。

■ディベート　下準備用シート■

年　　月　　日	学籍番号：	氏名：
テーマ：		

＊賛成（肯定）・反対（否定）それぞれの主張の根拠となる資料を集める。各資料の出典も明記すること。

賛成（肯定）側根拠資料

反対（否定）側根拠資料

■ディベーター用シート■

<table>
<tr><td>年　月　日</td><td colspan="2">学籍番号：</td><td>氏名：</td></tr>
<tr><td colspan="4">テーマ：</td></tr>
<tr><td colspan="2">賛成（肯定）・反対（否定）側</td><td colspan="2">メンバー：</td></tr>
<tr><td colspan="4">立論用メモ</td></tr>
<tr><td colspan="4"></td></tr>
<tr><td colspan="4">質疑応答用メモ</td></tr>
<tr><td colspan="4"></td></tr>
<tr><td colspan="4">反論用メモ</td></tr>
<tr><td colspan="4"></td></tr>
<tr><td colspan="4">再反論用メモ</td></tr>
<tr><td colspan="4"></td></tr>
<tr><td colspan="4">最終弁論用メモ</td></tr>
<tr><td colspan="4"></td></tr>
</table>

■ディベーター用　振り返りシート■

年　　月　　日	学籍番号：	氏名：
テーマ：		
賛成（肯定）　・　反対（否定）側	メンバー：	

【ディベート　自己採点表】（＊各項目５段階で評価…５が最高点）

発言の仕方		発言内容	
積極性		課題理解・分析力	
協調性		知識量	
態度・表情		論理性	
役割遂行達成度		説得性	
マナー・聞き方		展開力・まとめ方	
合計		合計	

【グループの振り返り】

グループの良かった点	
グループの反省点	
原因	
次回気をつけるべきところ	

【個人の振り返り】

自分自身の良かった点	
自分自身の反省点	
原因	
次回気をつけるべきところ	

■判定員用シート■

<table>
<tr><td>年　　月　　日</td><td>学籍番号：</td><td colspan="2">氏名：</td></tr>
<tr><td colspan="4">テーマ：</td></tr>
<tr><td colspan="4">メンバー：</td></tr>
<tr><td colspan="4">立論用メモ</td></tr>
<tr><td colspan="2">賛成（肯定）側</td><td colspan="2">反対（否定）側</td></tr>
<tr><td colspan="4">質疑応答用メモ</td></tr>
<tr><td colspan="2">賛成（肯定）側</td><td colspan="2">反対（否定）側</td></tr>
<tr><td colspan="4">反論用メモ</td></tr>
<tr><td colspan="2">賛成（肯定）側</td><td colspan="2">反対（否定）側</td></tr>
<tr><td colspan="4">再反論用メモ</td></tr>
<tr><td colspan="2">賛成（肯定）側</td><td colspan="2">反対（否定）側</td></tr>
<tr><td colspan="4">最終弁論用メモ</td></tr>
<tr><td colspan="2">賛成（肯定）側</td><td colspan="2">反対（否定）側</td></tr>
</table>

■判定・講評シート■

年　月　日	学籍番号：	氏名：
テーマ：		
メンバー：		

【判定表】（＊各項目５段階で評価…５が最高点）

判定項目	賛成（肯定）側	反対（否定）側
立論の説得性		
質疑の論理性および説得性		
応答の論理性および説得性		
最終弁論の説得性		
資料の活用		
時間の活用		
チームワーク力		
発言の仕方(内容の分かりやすさ、声の明瞭さなど)		
ディベーターとしての態度（マナー）		
合計		

【講評メモ】

第9章　プレゼンテーション

プレゼンテーションとは、作成したレポートや論文を、口頭で発表することである。本章では研究の分析結果や自分の意見を、聞き手にわかりやすく正確に伝える方法を学ぶ。

1．プレゼンテーションの前に準備するもの

口頭発表をする際には、聴き手のために、発表内容を簡潔に示し補足する、レジュメ(ハンドアウト)かパワーポイントと呼ばれる発表資料を用意する。

（1）レジュメ（ハンドアウト）作成例

――――――――※1

○○○○年○○月○○日※2

石垣綾子の体験―戦間期のアメリカで学んだこと※3

学籍番号○○○○○○○○※4
氏名　　△△△　▽▽▽

Ⅰ　はじめに※5

石垣綾子（東京生。1903～1996）がアメリカに滞在していたのは1926（大正15）年8月から1951（昭和26）年5月までの26年間である。この期間のアメリカ社会は大恐慌から経済の混乱、日米開戦と続き、太平洋戦争後はマッカーシー旋風(注1)が吹き荒れた。

この発表では「自由の国アメリカ」と「人種差別とファシズムのアメリカ(注2)」を体験した石垣綾子の足跡を追ながら、個人の自由な発言の重要性に目覚めていく過程を明らかにする。そして、そこから現在の私たちが学ぶべきものは何かを考えたい。

※1　発表する科目名など

※2　発表年月日

※3　内容を簡潔に示す題名をつける。場合によっては具体的な副題をつける。

※4　発表者氏名

※5　Ⅰの序論部分では動機を書く。発表のテーマと、そのテーマを選んだ理由を示し、問題を提起する。

Ⅱ　生い立ち※6

1．家庭環境

1）物理学者の父・田中三四郎、教育の男女平等と異文化体験の必要性を強調

2）4歳の時に母・治子死亡　⇒　独立心の芽生え

2．女学校時代―大正デモクラシー(注3)と多彩な人々との出会い

1）府立第一高等女学校から丹羽もと子創立の自由学園に進学　⇒　進取の生き方を培う

2）関東大震災（1923年）の体験　⇒　権力への批判意識

3）早稲田大学聴講生となり（1924年）、大山郁夫の研究会に参加　⇒「狭い日本社会」から「女性の解放された国、自由の国、理想の国」アメリカへの脱出願望募り23歳の時に米国へ(注4)

Ⅲ　アメリカ生活

1．恐慌の1920年代～

1）アメリカ生活第一歩

→外交官の義兄、姉夫婦とのワシントン生活から単身ニューヨークへ

→米国、女性の職場進出に伴い独り住まいの女性が増加

2）イタリア移民でアナーキストのサッコとヴァンゼッティの死刑(注5)（1927年）

→自由な国アメリカへの疑問

2．戦後1945年～変貌するアメリカ

1）戦後の平和活動

→1946年、戦後初の婦人国際会議に日本代表として参加

→パール・バック創立の「東と西の会」講演部に所属

2）アメリカ政府、反共政策へ

→1947年、トルーマン・ドクトリン発表

→1949年、スメドレー、「ゾルゲ事件」のスパイと報道される

※6　Ⅱ～Ⅲの本論部分では、内容を整理し展開していく。そのテーマについて、分かっていることや先行研究などについて簡潔に整理する。

＊そのテーマについて知識がない人にもポイントが分かるように書く。

＊分かりにくい言葉の説明や引用の出典は、脚注でまとめて示す。

＊書誌的事項の書き方は、本書88ページ「引用・参考文献の表記」参照。

→ 1950 年、朝鮮戦争勃発。マッカーシー旋風おこる

→綾子、移民局の喚問を受け国外追放。1951 年 6 月帰国

Ⅳ　おわりに—日本での再出発※7

石垣綾子は 26 年間のアメリカ生活で、自由の国アメリカを謳歌しながらそこにある差別問題にも直面した。長い滞在で「正義の力」をかざすアメリカ社会への批判意識も生まれた。そして何が問題か、民族、国家を超えた共存の可能性を模索するようになった。

その批判意識は帰国後、日本の「主婦」に向けられる。氏は、社会的な活躍の場も、社会的な成長の場も求めず「主婦」として安住している大多数の女性たちの状況に疑問を感じ、「主婦という第二職業論」(『婦人公論』1955 年 2 月) で、主婦は無批判な体制依存の存在だと批判した。この批判は多くの論者を巻き込んで「主婦論争」へと発展する(注6)。本発表では「主婦論争」ついては論じないが、今後の課題としていきたい。

石垣綾子は「歩いた道すじは、生きるよろこびを押し潰そうとする理不尽なものへの抵抗」であったと語り、「言うべき意見は率直に言う(注7)」と述べている。日常の理不尽な出来事には、「否」といえるだけの強い意志と論理が必要だということである。

※7　Ⅳの結論部分では〈おわりに〉や〈まとめ〉などと表記し、調べた内容を示しつつ最終的な自分の考えを簡潔に述べる。
＊他人の意見を借りる場合は、引用ルールに従って表し、自分の意見とは必ず区別する。
＊短い引用文は「　」に入れる。長い引用文は行を変えて、全体を 1 字か 2 字下げて、本文と区別する。
＊引用文はできるだけ原文のまま表記する。本書 85 ページ「引用の種類と方法」参照。

注※8

1. アメリカ共和党上院議員マッカーシーが反共産主義に基づいて、多くの政治家やマスメディアの関係者、映画人を攻撃、その動きは全米に広がった。
2. 引用は、石垣綾子『さらばわがアメリカ—自由と抑圧の 25 年』三省堂　1972 年 1 月　45 頁。
3. 日本で 1910 年代から 1920 年代にかけて起こった政治・社会・文化における民主主義、自由主義的な運動、思潮の総称。
4. 石垣綾子『石垣綾子日記』上下　岩波書店　1996 年 2 月、3 月参照。

※8　注は本文よりポイントを小さくし、本文の補助的な説明や資料の出典を記す。
＊本書 87 ページ「出典・注釈の書き方」を参照。
＊インターネットからの引用は、その内容の信憑性に十分注意して利用する。

5. サッコ・ヴァンゼッティ事件は、1920 年代にアメリカで発生した冤罪と目される事件。偏見による冤罪との疑惑があり、米国裁判史上に残る最大の冤罪事件と言われ大きな問題となった。

6.「主婦論争」については、丸岡秀子編集『日本婦人問題資料集成』第九巻　ドメス出版　1981 年 7 月参照。

7. 引用は、石垣『我が愛　流れと足跡』新潮社　1982 年 11 月 136 頁。

参考文献※9

石垣綾子著／佐藤共子訳『憩いなき波』未来社　1990 年 12 月

齋藤憐『昭和不良伝』岩波書店　1999 年 2 月

※9　参考文献欄には、発表をするにあたり参考にした書籍や資料を一覧にまとめる。
＊表記の仕方は 88 ページ「引用・参考文献の表記」参照。

(2) パワーポイント作成例

石垣綾子の体験※1
―戦間期のアメリカで学んだこと

※2
×年×月×日（×）
科目名：
学籍番号：××××
氏　　名：

※1　タイトルは他よりもフォントを大きく目立つようにする。

※2　発表年月日、科目名、学籍番号、氏名を書く。

発表のアウトライン※3

Ⅰ　はじめに

Ⅱ　生い立ち
1．家庭環境
2．女学校時代―大正デモクラシーと多彩な人々との出会い

Ⅲ　アメリカ生活
1．恐慌の 1920 年代～
2．戦後 1945 年～変貌するアメリカ

Ⅳ　おわりに―日本での再出発

※3　目次にあたる。見出し程度にし、概略と発表の結論を最初に説明する。

Ⅰ　はじめに

石垣綾子（東京生。1903 ～ 1996）

1926 年 8 月～ 1951 年 5 月、アメリカ滞在

「自由の国アメリカ」「人種差別とファシズムのアメリカ」を体験。

↓

個人の自由な発言の重要性に目覚める。

↓

現在の私たちが学ぶべきものは何か。 ※4

※4　一枚のスライドに文字を多く詰め過ぎない。最も言いたいことは文字の大きさや色、下線やアニメーションなどで強調する。

Ⅱ　生い立ち（1 ／ 2）

1．家庭環境

物理学者の**父→教育の男女平等と異文化体験**の必要性を強調

母治子の死亡→**独立心**の芽生え

2．女学校時代※5

①府立第一高等女学校から自由学園へ

②関東大震災の体験

③早稲田大学聴講生、大山郁夫の研究会

※5　ナンバリングや矢印などを用いて内容を簡潔に説明する。

Ⅱ　生い立ち（2 ／ 2）※6

「狭い日本社会」

から

「女性の解放された国、

自由の国、理想の国」

＝アメリカへの脱出願望

↓

23 歳の時に**アメリカへ**

※6　この「Ⅱ生い立ち」のページのように、長ければ複数枚に分けてもよい。その場合は 1 ／ 2 のように番号をつける。

※7

「××××」（写真のキャプション）
出典・××××

※7　写真や画像を掲載する場合は肖像権に注意する。出典を忘れずに書くこと。自分で撮影したものの場合は撮影場所や撮影日を記入。

Ⅲ　アメリカ生活 ※8

年代	出来事
恐慌の1920年代	
	1）アメリカ生活第一歩 2）サッコとヴァンゼッティの死刑（1927）
戦後1945年	
	1）戦後の平和活動 戦後初の婦人国際会議に日本代表として参加。 「東と西の会」講演部に所属 2）アメリカ政府、反共政策へ トルーマン・ドクトリン発表（1947） スメドレー、「ゾルゲ事件」のスパイと報道（1949） 朝鮮戦争勃発、マッカーシー旋風（1950） **綾子、移民局の喚問を受け国外追放、** **1951年6月帰国**

※8　年表や表、グラフなどを用いて視覚でとらえやすい画面構造にする。

※9

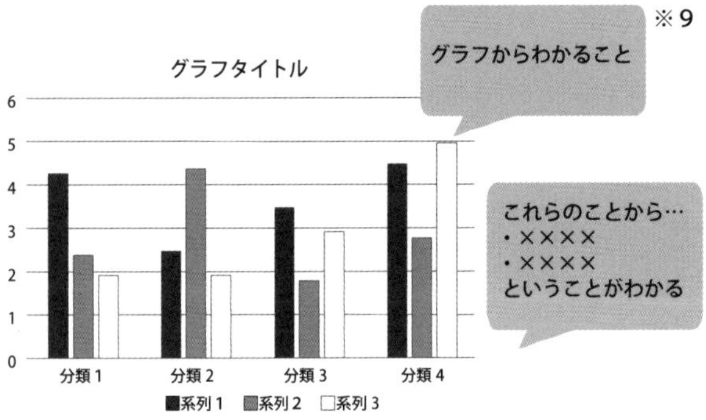

出典：「××××」より抜粋　※10
URL：http://www.×××.×××（××××年×月×日閲覧）

※9　グラフをただ紹介するだけではなく、そこからわかることや結論を自分で分析し読み解く。

※10　グラフやデータを引用したら出典を書く。ネットサイトの場合は出典先、URL、閲覧日を記入。

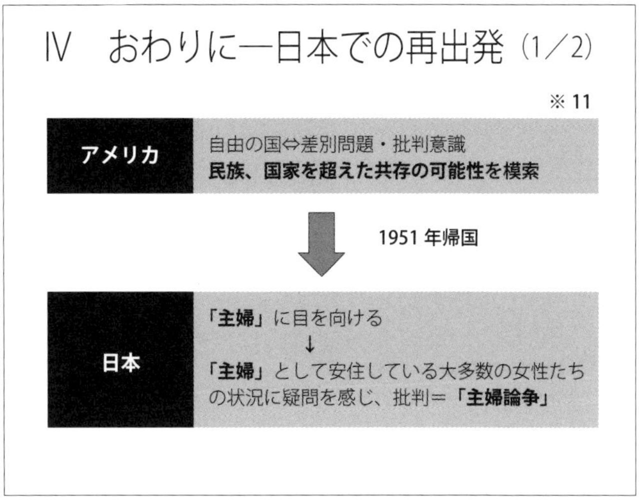

※ 11 文字だけで説明するのではなく、図にあてはめるなどして比較しやすくするのも工夫の一つである。

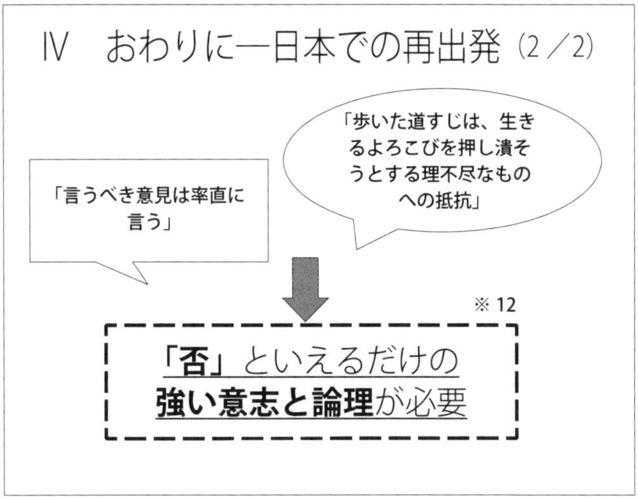

※ 12　最も伝えたいことは何かが聴き手に伝わるように強調する。

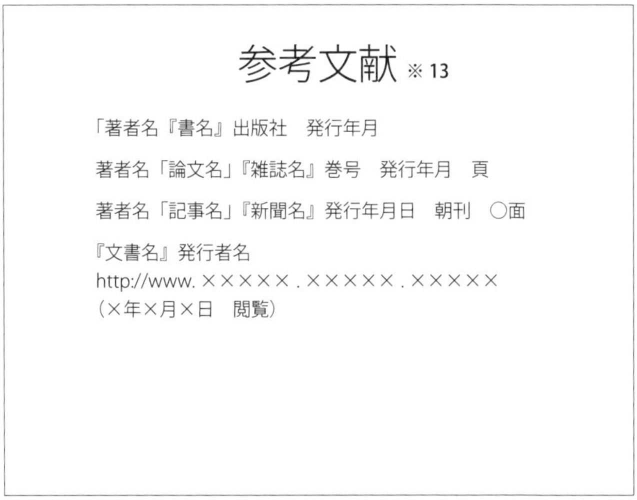

※ 13　ホームページからの出典はＵＲＬだけでなく、ページ名や閲覧日も書くこと。

2．発表時の注意点

① 聞き手がよく理解できるように、普段話しているスピードより意識的に遅く、抑揚 (メリハリ) をつけて明解に話す。

② 原稿を読む場合は、原稿ばかり見ずに、できるだけ聞き手を見ながら、自信をもって落ち着いて話す。身振りや手振りなどを加えて、資料を指し示し、注目してほしいポイントを強調するとよい。

③ 聞き手を巻き込むには、冒頭に「～についてみなさんはどのように思われますか」など、質問をなげかける工夫も有効である。しかし、発表途中で指名したり質疑応答をしたりしないこと。

3．質疑応答の注意点

発表後の質疑応答は、聞き手の理解を深める大切な機会である。聞き手は、回答の内容だけではなく、発表者の受け答えも含めて発表の良し悪しを判断する。そのため、質問には慌てることなく的確に答えるように努める。

① 質問者には「ご質問いただきまして、ありがとうございます」と感謝の言葉を述べる。

② 質問に答えられない場合は、黙っていたり話をごまかしたりすることなく、「申し訳ありません。そのことについては、調査途中のため、今お答えすることができません」や「今後の課題としたいと思います」など誠意のある答えをすること。

③ 事前にどのような質問が出るかシミュレーションして、それに対する回答をいくつか準備することが望ましい。

■振り返りシート（発表者用）■

年　月　日	学籍番号：	氏名：
発表タイトル：		

観点	項目	評価
内容	①テーマに沿った内容であったか	5・4・3・2・1
	②話の構成は適切であったか	5・4・3・2・1
	③話の内容は分かりやすかったか	5・4・3・2・1
資料	①プレゼン用資料は分かりやすかったか	5・4・3・2・1
	②図、表、グラフ、写真などを用いて客観的な根拠を充分に挙げられていたか	5・4・3・2・1
	③大事な点が強調されて伝わったか	5・4・3・2・1
話し方	①声の大きさは聞き取りやすかったか	5・4・3・2・1
	②話し方のスピードは適切であったか	5・4・3・2・1
	③明瞭でメリハリのある話し方であったか	5・4・3・2・1
	④間の取り方は適切であったか	5・4・3・2・1
動作	①ボディランゲージは適切であったか	5・4・3・2・1
	②アイコンタクトは適切であったか	5・4・3・2・1
	③発表者の熱意は伝わったか	5・4・3・2・1
改善点		
感想		

■振り返りシート（聞き手用）■

年　月　日	学籍番号：	氏名：

発表者氏名	
タイトル	
発表内容	感想
各項目５段階で評価…５が最高点	
態度・表情	声の大きさ
内容の構成・わかりやすさ	提示用資料の見やすさ

発表者氏名	
タイトル	
発表内容	感想
各項目５段階で評価…５が最高点	
態度・表情	声の大きさ
内容の構成・わかりやすさ	提示用資料の見やすさ

第10章　レポート・論文の書き方

読み手が納得するレポート・論文を作成するためには、分析を行った結果を分かりやすく正確にまとめる必要がある。文体や段落構成については既に示してきたため、この章では引用の仕方、出典や引用・参考文献の書き方を中心に学ぶ。

1．レポートの書式と構成

レポートには「テーマ設定レポート」と「文献批評レポート」とがある。「テーマ設定レポート」は三段構成で書くことが基本である。一方、課題文が決められたレポート（文献批評レポート）の場合は、文献を読み、キーワードと中心文（トピック・センテンス）をつなぎ内容を整理してから、その内容に即して問題を提起する。以下、「文献批評レポート」の書式と構成の見本を示す。

授業名：◆◆概論（前期火曜２時限）

担当教員：○○△△先生

提出日：○○年○月○日（曜日）

『○○○○○』における×××

―副題（自分の観点を具体的に示す）―

学籍番号：○○○○

氏名：▽▽□□

1．文献の内容整理（全体の20%程度）

文献のトピック・センテンスをつなげながら、内容を要約してまとめる。

2．問題提起（全体の10%程度）

著者の主張の中で、最も重要と考える点を取り上げ、重要だと判断した理由、根拠を示し、それに対して疑問形で問題提起をする。

3．意見の提示（全体の 20%程度）

「2」の問いに対する自分の意見を述べる。

4．論証（全体の 40%程度）

自分の意見を論理的・実証的に裏付ける。

5．まとめ（全体の 10%程度）

全体を要約し、もう一度自分の意見を主張する。

2．レポート・論文執筆に際しての注意点

レポート・論文作成に関する注意点については、これまでの章でも触れてきた。文体や表現の注意点を改めて確認しよう。

（1）文体

「だ・である」体（常体）と「です・ます」体（敬体）とを、同じ文章の中で交ぜて用いてはならない。どちらかの文体に統一する必要がある。また、事実や意見を客観的に示すレポート・論文では、常体を用いて書く。その際、「である」体を使用するのが一般的である。

（2）文末表現

自分の意見を正確に伝えるために、適切な文末表現を用いることが重要である。様々な文末表現を書き分けることで、書き手の考えをより詳細に伝えることができる。

例えば「人間は、猿から進化した。」という文章がある。この文章の文末表現を変えると、以下のように書き手の多様な考えが反映される。

【例】 ① 人間は、猿から進化したのだ。**（断定）**
② 人間は、猿から進化したにちがいない。**（確信）**
③ 人間は、猿から進化したようだ。**（婉曲）**
④ 人間は、猿から進化したのだろうか。**（疑問）**
⑤ 人間は、猿から進化したと言われている。**（伝聞）**

（3）望ましくない表現

「〜だけど」「〜なんて」などの話し言葉や俗語・流行語を用いてはならない。「体言止め」や「〜だと思う」「〜と感じる」などの主観的な言葉による表現は避ける。また、読み手が判断しにくい曖昧な表現も避ける。以下に望ましくない表現例を示す。

【例】 ① 宇宙の不思議な現象をご覧になってみてはどうだろうか。
② 難しいけど、この本を読めば知識が広がるため読むことをお勧めしたい。
③ 核の脅威から世界が救われることを心から祈りたい。
④『源氏物語』っていう作品に登場する女性たちの人生は、みんな悲しいと思う。
⑤ 私的には大丈夫です。

3．レポート・論文のルール

レポートや論文は、あるテーマについて調査し、整理分析を行った報告書である。分析に用いる資料や情報の検索、収集のポイントは第6章で述べたが、ここでは資料を引用する際の留意点について示していく。引用の仕方には決まりがあるため十分に留意し、正しい方法を身に付けよう。

（1）引用の注意点

レポートや論文は、自分の意見や主張を自分の言葉で書かなくてはならない。そのためには、専門分野の本や研究論文などを参照し、それに基づき自分の意見を述べる。

本文中で資料を用いる際には、誰の意見、言説かを明らかにし、何を参照、引用したか出典を明確に示さなければならない。

コピー＆ペーストや丸写しの文章、出典の無記載、他者の文章・作品・学説などを盗用し、あたかも自分の成果として掲載すること（剽窃）、直接原典から引用せずに、他者の本や論文で引用されていた文章をそのまま引用すること（孫引き）は、著作権の侵害にあたる。

こうした行為は処罰の対象となるため、十分に留意し、決して行ってはならない。

（2）引用の目的

引用の主な目的としては、①自分の意見、主張の根拠となる事実やデータを示す、②問題を提示するための事実やデータを示す、③肯定、賛同したい他者の意見を示す、④自分とは反対の意見を示して反論をする、といったものが挙げられる。

引用ばかりしていては単なる他者の意見や事実の紹介にすぎず、レポート・論文とは言えない。引用は自身の意見を支える材料として重要なものに絞り、効果的に用いることが求められる。加えて、引用だけで終わらせずに、引用部分に対する自分の考えを示すことが重要である。

（3）引用の種類と方法

著作権を侵害しないためには、正しく引用することが重要である。引用には、大きく分けて直接引用と間接引用の二種類がある。それぞれのルールを理解し、自分の意見と他者の意見を明確に書き分ける必要がある。また、引用した資料の書誌情報、出典を必ず注釈に記すことも忘れてはならない。引用に際して、インターネット上の情報については、その性質上、「どうしても必要」な場合を除いて使用を避けること。

以下の各引用の例は、人文科学の分野で多く採られている方法である。引用部分の最後に注番号をつけて出典を「注」に記す。

① 直接引用

直接引用には、短い直接引用と長い直接引用とがある。どちらであっても引用したい部分をそのまま抜き書きし、一言一句違わずに書く。

1）短い直接引用…本文中に「　」または“　”で引用部分を囲んで示す。原則として、引用文の最後の句読点は入れない。

【例】養老孟司は、「教科書を作るのは、民間の業者である(注1)」と問題の所在を指摘している。

注 1. 養老孟司『まともな人』中央公論新社　2003年10月　68頁

2）長い直接引用…前後1行分を空け、書き出しでは二文字分を下げる。段落の最初から引用する場合は、最初の行だけ三文字分下げる。

【例】（＊□は一文字分のスペースを表す）

～について養老孟司は、次のように述べている。

□□□□□□□□□□□□□□□□□□□□□□□□□□□□□□□□□□□□□□□

□□教科書を作るのは、民間の業者である。そういう人たちが、われわれがちゃんとや

□□りますから、国は余計な口出しをしないでくださいというべきであろう(注1)。

□□□□□□□□□□□□□□□□□□□□□□□□□□□□□□□□□□□□□□□

□つまり、この指摘は……

注 1. 養老孟司『まともな人』中央公論新社　2003年10月　68頁

② 間接引用

間接引用では引用したい文章の内容を要約して書く。

【例】（＊例として分かりやすいように、ここでは間接引用した個所を□で囲んで示す）

養老孟司は、教科書編集過程の問題点として、民間の出版社と政府との関係を指摘している(注1)。

注 1. 養老孟司『まともな人』中央公論新社　2003年10月　68頁

（4）引用のルール

① 一部省略の場合は「（略）」、「（中略）」などと記す。
② 複数段落を引用する場合は、改行せずに「／」を用いてつなぐ。
③ 引用文を理解するための説明を書き加える場合は（　）を用いて示す。この場合、引用文の最後に「（括弧内引用者）」などの注記を入れる。
④ 原文になく、自分が引用文の一部を強調するために、傍線や傍点などを書き加えた場合、引用文の最後に「（傍線引用者）」、「（傍点引用者）」などの注記を入れる。
⑤ 原文に明らかな誤植がある場合でも直さずに引用する。引用のすぐ後に「（原文ママ）」と書き添えて、原文をそのまま引用していることを示す。

（5）図表を引用する

図表を引用する場合には、引用した図表に番号を付け、図表のタイトルを書く。更にその下に出典を示す。なお、図表の引用は最小限にとどめ、ウェブサイトからの場合は出典に URL も書くこと。

【例】（＊以下の図および出典は架空のものである）

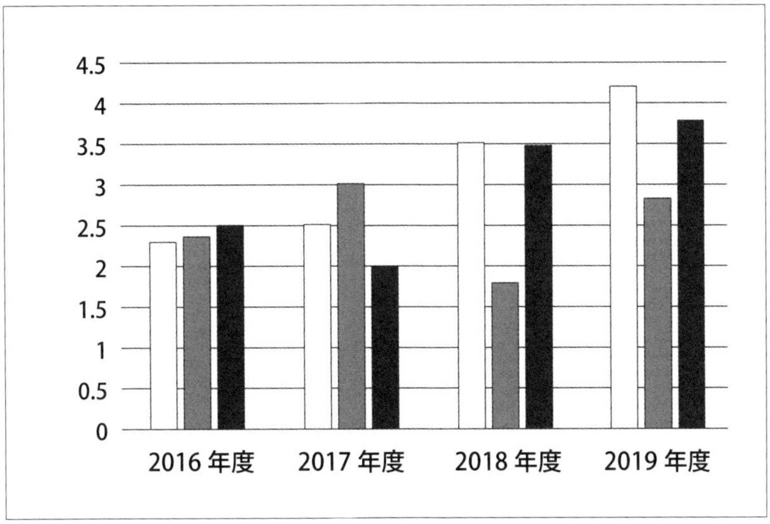

図１　業種別就職状況

出典：小池花世『女性の社会進出』〇〇出版社　2019 年 12 月　85 頁

（6）出典・注釈の書き方

出典・注釈の示し方は、各学問分野によって異なる。以下に一部の例を示す。

① 出典の書き方

【例1】引用のあとに出典を明示する。

石垣綾子は「歩いた道すじは、生きるよろこびを押し潰そうとする理不尽なものへの抵抗」であったと語り、「言うべき意見は率直に言う」（石垣綾子『我が愛　流れと足跡』新潮社　1982年　136頁）と述べている。

【例2】出典元の概略だけ本文中に示し、詳細は注で説明する。

石垣綾子は「歩いた道すじは、生きるよろこびを押し潰そうとする理不尽なものへの抵抗」であったと語り、「言うべき意見は率直に言う」（石垣 1982, p.136）と述べている。

注

石垣綾子 (1982)『我が愛　流れと足跡』 新潮社

【例3】引用箇所に注番号を入れ、注で明示する。

石垣綾子は「歩いた道すじは、生きるよろこびを押し潰そうとする理不尽なものへの抵抗」であったと語り、「言うべき意見は率直に言う(注6)」と述べている。

注

6. 石垣綾子『我が愛　流れと足跡』新潮社　1982年11月　136頁

② 注釈の書き方

本文中で述べたことに補足説明を加える方法。

【例】

この期間のアメリカ社会は大恐慌から経済の混乱、日米開戦と続き、太平洋戦争後はマッカーシー旋風(注1)が吹き荒れた。

注

1. アメリカ共和党上院議員マッカーシーが反共産主義に基づいて、多くの政治家やマスメディアの関係者、映画人を攻撃、その動きは全米に広がった。

（7）引用・参考文献の表記

引用だけでなく、レポート・論文の作成にあたって参考にした資料は、すべてその出典を示さなければならない。他者がそのレポート・論文の内容を正しいか判断する、あるいは評価をするためにも必要となる。資料を収集する際に奥付などで書誌情報を確認し、記録しておく。それに基づき、引用・参考文献リストを作成しよう。

引用文献の場合は、引用したページ数も明示すること。

・単行本…著者名『書名』出版社　発行年月　頁

【例】 鹿野政直『戦前・「家」の思想』創文社　1983年4月　72頁

・翻訳書…著者名＋著／訳者名＋訳『書名』出版社　発行年月　頁

【例】 エドワード・W・サイード著／大橋洋一郎訳『文化と帝国主義』みすず書房　1998年12月　135頁

・雑誌論文…著者名「論文名」『雑誌名』巻号　発行年月　頁

【例】 佐藤紘彰「二十世紀の日本詩と女性」『日本近代文学』第79集　2008年11月　144～151頁

・新聞記事…著者名「記事名」『新聞名』発行年月日　朝・夕刊　○面

【例】 高橋昌宏「感情摸索」『朝日新聞』2009年1月3日　夕刊　10面

・ウェブサイトの文書…『文書名』発行者名　URL　閲覧年月日

【例】 『令和元年版　科学技術白書』文部科学省　https://www.mext.go.jp/b_menu/hakusho/html/hpaa201901/detail/1418108.htm　閲覧日2019年12月26日

☆専門分野によって引用や出典・注釈の示し方、注や参考文献リストの形式が少しずつ異なるため、教員に確認する、あるいは各自の専門分野の研究書や研究論文などで確認する。卒業論文では執筆要領などに記載されている方法に従うこと。

4．提出前に確認しよう

レポート・論文を書き上げたら、提出する前に何度も読み直し、加筆・修正をしてより良いものを目指すことが重要である。

レポート・論文のタイトルは、本文を書き終わってからつけると良い。「～について」といった安易なタイトルは避ける。読み手の興味や関心を引くように工夫すると共に、内容を的確に伝えているか、課題内容に合っているかを確認しよう。
提出前に以下の点を確認しよう。

① テーマに基づいた論点と主張、根拠の３点が書かれているか。
② 感想などの主観的な心情を書いてはいないか。
③ 課題と内容が合っているか。
④ 三段構成になっているか。
⑤ 引用や出典は正しいか。
⑥ 誤字脱字はないか。
⑦ 主語述語、文体や接続詞などの表現は正しいか。
⑧ 表紙やページ番号、用紙のサイズや文字数などの体裁、書式は正しいか。

余裕のある計画を立て、提出までのスケジュール管理をきちんと行うことが重要である。

付録

多くの言葉を知ることは、文章を書くためばかりではなく、人との普段の会話においても重要である。自分の考えを正しく伝えるためにも、語彙を増やしていこう。

(1)間違いやすい同音(同訓)異義語

イガイ―以外・意外	イギ―意義・異議・異義	イジョウ―異状・異常・以上
イゾン―依存・異存	イドウ―異同・異動	カイトウ―解答・回答
カイホウ―解放・開放	カンシ―監視・環視	カンシン―関心・感心
キジュン―基準・規準	キセイ―既成・既製	キョウイ―脅威・驚異
キョクチ―極致・極地・局地	コウエン―講演・公演	コウセイ―厚生・更正・更生
サイゴ―最後・最期	ジキ―時期・時機・時季	シュウシュウ―収集・収拾
ショウガイ―障害・傷害	ショウカン―召還・召喚	シンコウ―新興・振興
セイサク―制作・製作	セイソウ―盛装・正装	セイヤク―制約・成約・誓約
ソクセイ―速成・促成	タイショウ―対照・対称	ツイキュウ―追究・追求・追及
フヘン―不変・不偏・普遍	ホショウ―保証・保障・補償	レンケイ―連携・連係
アう―会・合・遭	アける―空・開・明	アげる―上・挙・揚
アてる―充・当	アらい―荒・粗	アラワす―表・現
ウむ―生・産	オカす―侵・犯・冒	オサめる―収・納・治・修
カゲ―陰・影	カタ―形・型	カワ―皮・革
キく―聞・聴・訊	キワめる―究・極	コえる―超・越
サす―指・差	シズめる―鎮・静	ススめる―勧・薦
ソう―添・沿	タズねる―訪・尋	タタかう―戦・闘
タつ―断・絶・裁・立・建	タマ―玉・珠・弾	ツクる―造・作
ツツしむ―謹・慎	トトノえる―調・整	ナオす―直・治
ナガい―長・永	ハえる―映・栄	ハカる―図・計・測・量・諮・謀
フネ―舟・船	マじる―混・交	マチ―町・街
モト―元・下・本・基	ワカれる―分・別	ワズラう―患・煩

（2）難読語

灰汁（あく）	欠伸（あくび）	小豆（あずき）	斡旋（あっせん）
行脚（あんぎゃ）	塩梅（あんばい）	委嘱（いしょく）	因縁（いんねん）
団扇（うちわ）	烏有（うゆう）	永劫（えいごう）	回向（えこう）
会釈（えしゃく）	会得（えとく）	婉曲（えんきょく）	冤罪（えんざい）
嗚咽（おえつ）	悪寒（おかん）	十八番（おはこ）	膾炙（かいしゃ）
開闢（かいびゃく）	乖離（かいり）	角逐（かくちく）	陽炎（かげろう）
気質（かたぎ・きしつ）	固唾（かたず）	諫言（かんげん）	甲板（かんぱん・こうはん）
規矩（きく）	気障（きざ）	生粋（きっすい）	屹立（きつりつ）
華奢（きゃしゃ）	矜持（きょうじ）	怯懦（きょうだ）	曲者（くせもの）
功徳（くどく）	工面（くめん）	炯眼（けいがん）	敬虔（けいけん）
稀有（けう）	解脱（げだつ）	懸念（けねん）	狷介（けんかい）
言質（げんち）	健気（けなげ）	絢爛（けんらん）	巷間（こうかん）
嚆矢（こうし）	好事家（こうずか）	更迭（こうてつ）	沽券（こけん）
鼓吹（こすい）	誤謬（ごびゅう）	声色（こわいろ）	権化（ごんげ）
困憊（こんぱい）	猜疑（さいぎ）	流石（さすが）	颯爽（さっそう）
懺悔（ざんげ）	残滓（ざんし）	暫時（ざんじ）	思惟（しい）
時化（しけ）	嗜好（しこう）	市井（しせい）	昵懇（じっこん）
疾病（しっぺい）	奢侈（しゃし）	驟雨（しゅうう）	呪詛（じゅそ）
須臾（しゅゆ）	上梓（じょうし）	焦燥（しょうそう）	所作（しょさ）
箴言（しんげん）	斟酌（しんしゃく）	出納（すいとう）	脆弱（ぜいじゃく）
寂寥（せきりょう）	折衷（せっちゅう）	台詞（せりふ）	穿鑿（せんさく）
漸次（ぜんじ）	相殺（そうさい）	措定（そてい）	忖度（そんたく）
黄昏（たそがれ）	手向（たむけ）	耽溺（たんでき）	団欒（だんらん）
知己（ちき）	逐次（ちくじ）	知悉（ちしつ）	追従（ついしょう・ついじゅう）
定款（ていかん）	恬淡（てんたん）	陶冶（とうや）	咄嗟（とっさ）
如実（にょじつ）	長閑（のどか）	法度（はっと）	潑剌（はつらつ）
羽二重（はぶたえ）	頒布（はんぷ）	凡例（はんれい・ぼんれい）	畢竟（ひっきょう）
剽軽（ひょうきん）	敷衍（ふえん）	福音（ふくいん）	払拭（ふっしょく）
無聊（ぶりょう）	辟易（へきえき）	鞭撻（べんたつ）	呆然（ぼうぜん）
放擲（ほうてき）	放埒（ほうらつ）	反故（ほご）	末裔（まつえい）
未曾有（みぞう）	妄執（もうしゅう）	揶揄（やゆ）	遊説（ゆうぜい）
所以（ゆえん）	辣腕（らつわん）	流暢（りゅうちょう）	吝嗇（りんしょく）
流布（るふ）	歪曲（わいきょく）	賄賂（わいろ）	

（3）三字熟語・四字熟語

鉄面皮（てつめんぴ）	生兵法（なまびょうほう）	生半可（なまはんか）
御利益（ごりやく）	匙加減（さじかげん）	瀬戸際（せとぎわ）
短兵急（たんぺいきゅう）	土気色（つちけいろ）	梅雨空（つゆぞら）
独壇場（どくだんじょう）	花吹雪（はなふぶき）	早合点（はやがてん）
万国旗（ばんこくき）	無愛想（ぶあいそう）	不首尾（ふしゅび）
筆不精・筆無精（ふでぶしょう）	不本意（ふほんい）	真面目（まじめ）
無邪気（むじゃき）	羊皮紙（ようひし）	
阿鼻叫喚（あびきょうかん）	唯唯諾諾（いいだくだく）	異口同音（いくどうおん）
一言居士（いちげんこじ）	一気呵成（いっきかせい）	意味深長（いみしんちょう）
因果応報（いんがおうほう）	有為転変（ういてんぺん）	有象無象（うぞうむぞう）
紆余曲折（うよきょくせつ）	会者定離（えしゃじょうり）	温故知新（おんこちしん）
佳人薄命（かじんはくめい）	隔靴掻痒（かっかそうよう）	画竜点睛（がりょうてんせい）
頑迷固陋（がんめいころう）	機会均等（きかいきんとう）	旗幟鮮明（きしせんめい）
奇想天外（きそうてんがい）	気息奄々（きそくえんえん）	曲学阿世（きょくがくあせい）
毀誉褒貶（きよほうへん）	空前絶後（くうぜんぜつご）	軽挙妄動（けいきょもうどう）
軽佻浮薄（けいちょうふはく）	牽強付会（けんきょうふかい）	乾坤一擲（けんこんいってき）
捲土重来（けんどちょうらい）	権謀術数（けんぼうじゅっすう）	厚顔無恥（こうがんむち）
荒唐無稽（こうとうむけい）	公平無私（こうへいむし）	呉越同舟（ごえつどうしゅう）
虎視眈眈（こしたんたん）	孤立無援（こりつむえん）	言語道断（ごんごどうだん）
才色兼備（さいしょくけんび）	三寒四温（さんかんしおん）	自画自賛（じがじさん）
自家撞着（じかどうちゃく）	時期尚早（じきしょうそう）	自業自得（じごうじとく）
自縄自縛（じじょうじばく）	時代錯誤（じだいさくご）	四面楚歌（しめんそか）
周章狼狽（しゅうしょうろうばい）	取捨選択（しゅしゃせんたく）	枝葉末節（しようまっせつ）
諸行無常（しょぎょうむじょう）	支離滅裂（しりめつれつ）	信賞必罰（しんしょうひつばつ）
深謀遠慮（しんぼうえんりょ）	森羅万象（しんらばんしょう）	生殺与奪（せいさつよだつ）
切磋琢磨（せっさたくま）	切歯扼腕（せっしやくわん）	絶体絶命（ぜったいぜつめい）
前代未聞（ぜんだいみもん）	率先垂範（そっせんすいはん）	大言壮語（たいげんそうご）
大胆不敵（だいたんふてき）	単刀直入（たんとうちょくにゅう）	適材適所（てきざいてきしょ）
当意即妙（とういそくみょう）	同工異曲（どうこういきょく）	東奔西走（とうほんせいそう）
内憂外患（ないゆうがいかん）	南船北馬（なんせんほくば）	二律背反（にりつはいはん）
博覧強記（はくらんきょうき）	八面六臂（はちめんろっぴ）	万古不易（ばんこふえき）
美辞麗句（びじれいく）	悲憤慷慨（ひふんこうがい）	百家争鳴（ひゃっかそうめい）
不易流行（ふえきりゅうこう）	不撓不屈（ふとうふくつ）	不偏不党（ふへんふとう）

付和雷同（ふわらいどう）	片言隻語（へんげんせきご）	茫然自失（ぼうぜんじしつ）
本末転倒（ほんまつてんとう）	無我夢中（むがむちゅう）	明鏡止水（めいきょうしすい）
面従腹背（めんじゅうふくはい）	唯我独尊（ゆいがどくそん）	優柔不断（ゆうじゅうふだん）
有職故実（ゆうそくこじつ）	有名無実（ゆうめいむじつ）	余裕綽綽（よゆうしゃくしゃく）
流言蜚語（りゅうげんひご）	臨機応変（りんきおうへん）	和気藹藹（わきあいあい）

（4）対義語・類義語

対義語（反義語）

曖昧—明瞭	遺失—拾得	過激—穏健	記憶—忘却	帰納—演繹
希薄—濃厚	強硬—軟弱	緊張—弛緩	玄人—素人	高価—廉価
高尚—低俗	巧妙—拙劣	受理—却下	饒舌—寡黙	真実—虚偽
絶対—相対	促進—抑制	抽象—具象	特殊—普遍	内憂—外患
悲観—楽観	必然—偶然	不易—流行	保守—革新	楽勝—辛勝
理論—実践				

類義語（同意語）

冷淡—薄情	熱中—没頭	失望—落胆	円熟—老練	拘束—束縛
付近—界隈	成功—成就	援助—助力	傾倒—心酔	危惧—懸念
懇切—丁寧	賛成—首肯	時流—風潮	逡巡—躊躇	寄与—貢献
熟知—知悉	切迫—緊迫	真摯—誠実	神妙—殊勝	仲介—斡旋
鎮圧—制圧	落胆—失望	専心—没頭	独占—占有	粗雑—杜撰

（5）ことわざ・慣用句

水魚のまじわり	非常に親しいつきあい
青雲の志	成功しようとする心
待てば海路の日和あり	あせらず待てばよい時節が巡ってくること→【同】果報は寝て待て
河童の川流れ	名人・上手でも失敗するたとえ→【同】弘法も筆の誤り・猿も木から落ちる
医者の不養生	自分の専門なのに自分自身にはおろそかにしてしまうこと→【同】紺屋の白袴
瓢箪から駒	思いもよらぬことが起こること→【同】怪我の功名
のれんに腕押し	張り合いがないこと→【同】豆腐にかすがい・糠に釘
二兎を追うものは一兎をも得ず	あれもこれもと欲張って、結局何も得られないこと
泣き面に蜂	悪いことが重なること→【同】弱り目にたたり目
小人閑居して不善をなす	器量の小さい人間は、ひまでいるとろくな事をしない
嘘から出た実（まこと）	嘘で言ったことが実際に起こること
棚からぼた餅	思いがけず善いことがあること
漁夫の利	当事者が争っている最中に第三者が労せずして利益をさらい取ること
濡れ手で粟	苦労せずに利益を得ること
馬の耳に念仏	人の意見を聞かないこと
猫に小判	どんなにすぐれたものでも持つ人にその価値が分からないと役に立たないこと
餅は餅屋	人には適性があること。専門家はすぐれていること
蛇の道は蛇	同類のすることはよく理解できること
魚心あれば水心	一方に親しむ気持ちがあれば相手も親しい気持ちになること
三つ子の魂百まで	幼いころの性格は年老いても変わらない
一寸の虫にも五分の魂	小さく弱いものでもそれなりの意地があること
石の上にも三年	長い年月辛抱すると必ず報われるということ
目に物を見せる	思い知るようにしかける
仏の顔も三度	どんなに善い人でも何度も無礼なことをされれば怒ること
舌を捲く	とても感心して言葉が出ない様子
目星をつける	「目星」は「目当て・見当」のこと
二の足を踏む	躊躇すること
一を聞いて十を知る	とても聡明なこと
なくて七癖	誰でも多少の癖はあるということ
九死に一生を得る	絶体絶命のピンチを逃れること
先んずれば人を制す	先手を取ればそれだけ有利な立場になること
立つ鳥跡を濁さず	その場から去るときは後始末をきちんとしなさい、ということ
虎穴にいらずんば虎子を得ず	多少の危険を冒さないと成功はできないというたとえ
急いては事をし損ずる	慌てると失敗する
後は野となれ山となれ	今がよければ後はどうなってもかまわないこと
筋金入り	行動を裏づけるしっかりした考えがあること

（6）批評用語（外来語・外国語）※表記のないのは英語

アイデンティティ　identity	自己認識、自己同一性、存在証明などの意で用いる。
アナーキズム　anarchism	無政府主義。個人の絶対的自由と平等を主張し、すべての政治的権力を否定する。
アナロジー　analogy	類似、類推。推論。
アフォリズム　aphorism	短い表現で社会や文化に関する見解を述べたもの。警句。箴言。
ア・プリオリ　a priori（ラテン語）	先験的、先天的。→ア・ポステリオリ（後天的）
アンソロジー　anthology	美しい詩をあつめたもの（詞華集）。詩文集。
アンチテーゼ　antithese（ドイツ語）	対立命題。→テーゼ（定立。命題）
アンニュイ　ennui（フランス語）	倦怠、退屈。
イデア　idea（ギリシャ語）	理念、理想。
イデオロギー　Ideologie（ドイツ語）	哲学や宗教などの根本的観念体系。階級・党派の思想体系。
ヴィジョン　vision	展望、見通し。
ウイット　wit	機知。知的で風刺に富む笑い。
エキゾティシズム　exoticism	異国情緒、異国趣味。
エゴイズム　egoism	利己主義。
エスプリ　esprit（フランス語）	精神、精髄。機敏な才智。
エピキュリアン　epicurean	快楽主義者、享楽主義者。
エロティシズム　eroticism	恋愛、性愛。男女間の愛に関すること、もの。
オノマトペ　onomatopee（フランス語）	動きや状態を音声で表したもの。擬声語、擬音語。
オプチミズム　optimism	楽天主義、楽観論。オプチミスト（楽天家）。→ペシミズム（ペシミスト）
オリジナリティ　originality	創造性、独創性。類似性のないもの。
カオス　chaos	混沌。無秩序な状態。→コスモス
カタルシス　katharsis（ギリシャ語）	精神的浄化作用。
カテゴリー　category	範疇。分類したもの。
カリスマ　Charisma（ドイツ語）	超人間的な資質、能力。英雄、預言者、教祖などの民衆を心酔させる力。
クリティシズム　critisism	批評、評論。
コード　code	規約、規定。符号、記号、暗号。
コスモス　cosmos	秩序化された世界。宇宙。→カオス
コンセプト　concept	理念、基本概念。統合的な観念。
コンテクスト　context	文脈。文章の脈絡。
シュールレアリスム　surrealisme（フランス語）	超現実主義。19 世紀末に起こった前衛芸術運動。シュールリアリズム

シンメトリー　symmetry	均整が取れていること。対称性。
セオリー　theory	理論、学説。定説。
ダイナミズム　dynamism	力強さ。活力、力動性。
ディテール　detail	細部、部分。詳細。
ディレッタンティズム　dilettantism	趣味として学問や芸術を楽しむこと。→ディレッタント(好事家)
デカダンス　decadence（フランス語）	堕落、頽廃。文芸用語としては文化の末期的現象としての虚無的傾向を指す。
デフォルメ　deformer（フランス語）	造形美術で意識的に形を変形させること。ゆがめる。
ドグマ　dogma（ギリシャ語）	独断的な説。宗教上の教義。権威主義的な主張。
ナルシシズム　narcissism	自己愛。自己陶酔。
ニヒリズム　nihilism	虚無主義。真理や社会の秩序を否定し、生きる目的や価値も否定する。
パセティック　pathetic	あわれな。悲壮的、感傷的。
パトス　pathos（ギリシャ語）	情念、激情。
パラダイム　paradigm	理論的な枠組み。ある時代の支配的考え方。
パラドックス　paradox	逆説。
フェミニズム　feminism	女性の社会·政治·法律などの権利を拡張する考え方。男女同権論。
プロット　plot	小説や劇などの筋立て。構想。
ペシミズム　pessimism	悲観論。厭世主義。→ペシミスト（厭世主義者）
ペダンチック　pedantic	知識や教養をひけらかすようす、学者ぶるさま。衒学的。
ポテンシャル　potential	潜在能力。可能性。
メタファー　metaphor	隠喩、暗喩。メタフォー。
モダニズム　modernism	現代的なもの。近代主義。芸術・文芸史的には20世紀の前衛的運動を指す。
モチーフ　motif（フランス語）	動機。芸術的表現の主題や素材、また音楽構成の最小単位の旋律。
モノローグ　monologue	独白。劇で自分の心情を述べること、独演劇。→ダイア ローグ(対話)
ラディカル　radical	根本的、徹底的。過激な、急進的なこと。
リアリズム　realism	写実主義。現実や対象をありのままに描く方法。主観を加えないこと。
リリシズム　lyricism	叙情主義。自己の感情をそのままに表現する方法。
レトリック　rhetoric	修辞学。説得力を高めるための巧みな表現技法。
ロゴス　logos（ギリシャ語）	言葉、意味、論理、概念、法則、定義などの意。万物の間にある調和し統一のとれた理性法則。
ロジック　logic	論理、論理学。議論の筋道。

【参考文献】

・中野美香『大学生からのプレゼンテーション入門』株式会社ナカニシヤ出版　2014 年 3 月
・桑田てるみ他『学生のレポート・論文作成トレーニング　改訂版』 実教出版　2015 年 1 月
・上村和美・内田充美『プラクティカル・プレゼンテーション　改訂版』株式会社くろしお出版　2015 年 2 月
・上戸理恵・遠藤郁子・神田由美子・羽矢みずき・藤田和美・山田昭子・与那覇恵子編著『大学生のための日本語表現』鼎書房　2017 年 3 月
・中野美香『大学生からのグループ・ディスカッション入門』株式会社ナカニシヤ出版　2018 年 3 月
・中野美香『大学 1 年生からのコミュニケーション入門』株式会社ナカニシヤ出版　2018 年 10 月
・高田貴久著／日経ＨＲ編集部編『2021 年度版　面接・グループディスカッション対策』日経ＨＲ　2019 年 5 月
・『ディベートとは｜はじめての方へ｜ディベートを学ぶ｜ NADE －全国教室ディベート連盟』全国教室ディベート連盟 http://nade.jp/material/beginners/introduction　閲覧日 2019 年 9 月 7 日
・『ディベートマニュアル　2013 年度』関西学院大学経済学部　エコゼミ委員 https://www.kwansei.ac.jp/s_economics/attached/0000047675.pdf　閲覧日 2019 年 9 月 7 日
・『教育ディベートとは』日本ディベート協会　http://japan-debate-association.org/debate/academic-debate　閲覧日 2019 年 9 月 7 日

編著者紹介

与那覇　恵子　（東洋英和女学院大学教授）
市 川　紘 美　（東洋英和女学院大学非常勤講師）
山 田　昭 子　（東洋英和女学院大学非常勤講師）

ノート型テキストで学ぶ **アカデミック・スキルズ**

発行　２０２０年３月３０日　　　初版 1刷
　　　２０２３年３月３０日　　　　 2刷
編著者　与那覇 恵子
　　　　市川 紘美
　　　　山田 昭子
発行者　金子 堅一郎
発行所　鼎 書 房
　　　　〒 134-0083　東京都江戸川区中葛西 5-41-17-606
　　　　電話・ファックス 03-5878-0122
　　　　URL　https://www.kanae-shobo.com
発行所　シバサキロジー　TOP　製本所　エイワ

ISBN978-4-907282-62-2 C1081